Dülmen

Haltern

Hamm

Emscher

rchen

Dortmund

Bochum

Weitmar

Stiepel

Ruhr

Wetter

Burg
Blankenstein
bei Hattingen

Das
Ruhrgebiet
Die Orte des Geschehens

KLARTEXT

Hartmut El Kurdi

wurde 1964 in Amman/Jordanien geboren und wuchs in London und Kassel auf. Er studierte Literatur und Musik an der Universität Hildesheim und arbeitet seit ca. 1995 als Autor, Regisseur, Dramaturg und Performer an verschiedenen Theatern in Deutschland. Darüberhinaus schreibt er satirische Kolumnen für die taz und Buchrezensionen für DIE ZEIT. Sein Kinderhörspiel „Angstmän" (Deutschlandradio Kultur) wurde mit dem Deutschen Kinderhörspiel-Preis ausgezeichnet. In den Jahren 2010 und 2011 produzierte der WDR eine zwölfteilige Mini-Hörspielreihe mit seinen neu erzählten Sagen aus dem Ruhrgebiet. Kontakt: www.hartmutelkurdi.de

Gert Albrecht

ist freier Illustrator, Art-Director und Grafik-Designer. Nach dem Studium an der Kunstakademie Stuttgart und Stationen in der Werbung arbeitet er heute hauptsächlich als Illustrator für renommierte Kunden. Für DIE ZEIT hat er z. B. neben vielen redaktionellen Beiträgen diverse Kinder-Editionen wie die „Literatur-Klassiker für Kinder" illustriert. Außerdem gestaltet er Kindersachbücher und viele Projekte für Unternehmen und Institutionen.

Als die Kohle noch verzaubert war

Die schönsten Sagen aus dem Ruhrgebiet

Neu erzählt von Hartmut El Kurdi

Ausgewählt von Dirk Sondermann,
mit Illustrationen von Gert Albrecht

Für Ulrike Willberg und Salima El Kurdi.

Hartmut El Kurdi

Das Buch erschien erstmalig anlässlich der RUHR.2010 – Kulturhauptstadt Europas – bei Sauerländer im Patmos Verlag, Düsseldorf. Zwölf Geschichten daraus wurden als Minihörspiele vom WDR produziert und erschienen als CD im Argon Verlag, Berlin.

Bibliografische Information der Deutschen Nationalbibliothek
Die Deutsche Nationalbibliothek verzeichnet diese Publikation in der Deutschen Nationalbibliografie; detaillierte bibliografische Daten sind im Internet über http://dnb.dnb.de abrufbar.

Impressum
1. Auflage September 2018
Konzeption: Paula Peretti, Jasna Zagorc
Umschlaggestaltung: Ina Zimmermann, unter Verwendung von Illustrationen von Gert Albrecht
Satz und Gestaltung: Achim Nöllenheidt
Druck und Bindung: Wilco B.V., Vanadiumsweg 9, 3800 BL Amersfoort, Niederlande
ISBN 978-3-8375-1951-8
© Klartext Verlag, Essen 2018

KLARTEXT   Jakob Funke Medien Beteiligungs GmbH & Co. KG
Friedrichstr. 34–38, 45128 Essen
info@klartext-verlag.de, www.klartext-verlag.de

Inhalt

Warum die Hasen so lange Ohren haben 7

Wie der Schweinehirte Jörgen die Kohle entdeckte 12

Der Räuberhauptmann Korte 18

Warum der Teufel einen Pferdefuß hat 26

Der festgesetzte Fuhrmann 30

Das große Grubenunglück auf der Zeche
   Neu-Iserlohn und der Berggeist 35

Der Raubritter Joost von Burg Blankenstein 38

Der letzte Pferdestricker im Emscherbruch 45

Der Zwergenkönig Goldemar auf Burg Hardenstein 49

Emscher Neck und Emscher Nixe 55

Der Barbarazweig 62

Die Dortmunder Bierprobe 70

Der hartherzige Bäcker von Dortmund 72

Die Esel von Stiepel 78

Graf Reck von Volmarstein und die Ruhrnixe 95

Bruder Guardian und die Chorstühle
   in St. Agnes zu Hamm 101

Der Werwolf am Bahnwärterhäuschen 106

Die Teufelssäule von Essen 112

Das Katzenmähen 118

Die Hünen von Haltern 122

Baron von Münchhausen und die
   wimmernden Eisenwürmer von Wesel 127

Dank 132

Quellenverzeichnis, regionale Hinweise 133

Warum die Hasen
so lange Ohren haben

Ein Märchen aus Bochum

Nachdem Gott alle Tiere geschaffen hatte, war ihm langweilig, und deswegen beschloss er, jedem Tier einen Namen zu geben. Das war nicht nur unterhaltsam, sondern auch praktisch, denn so konnte er sie besser auseinander halten. Und falls eines mal was ausgefressen hatte

oder sich im Freibad daneben benahm, musste er nicht stammeln: „Hömma, du da … mit der glitschigen grünen Haut und den fiesen Glubschaugen … gehsse wohl mit die Pommes wech vom Beckenrand!" Nein, dann konnte er einfach rufen: „FROSCH! Seh ich das noch einmal, dann kannze gleich duschen gehn!“

Aber er wollte sicher sein, dass sich jedes Tier seinen Namen merken konnte, damit es sich auch angesprochen fühlte, wenn er es rief. Also fragte er die Tiere in regelmäßigen Abständen ab:

„Wie heißt du?“

„Pferd!“

„Und du?“

„Kuh.“

„Und was sind deine Hobbys?“

„Bitte?“

„Deine Hobbys? Was machst du gerne, wenn du frei hast?“

„Äh ... Gras fressen ... Fliegen mit meinem Schwanz verscheuchen?“

„Na also, geht doch!“

Aber nicht alle Tiere hatten so ein gutes Gedächtnis wie die Kuh und das Pferd. Die Schnecke zum Beispiel trieb Gott fast in den Wahnsinn.

„Also, wie heißt du?“

„Mmmm ... Moment ... nich sagen, nich sagen ... ich hab´s gleich ...“ Die Schnecke stützte ihre Fühler auf den Boden. „Schschsch ... irgendwas mit SCH, oder?“

„Ja, nicht schlecht“, sagte Gott und rollte innerlich die Augen.

„Schschsch ... Sch ... meißfliege?“

„Falsch!“

„Natürlich ... is ja Quatsch: Schmeißfliege! Wie komme ich denn da drauf? Ich denk noch mal nach ... Gleich hab ich's ... Sch ... nicke? Sch ... nacke? Sch ... nucke! Genau: Schnucke! Ich bin eine Schnucke, eine Heidschnucke!“, sagte die Schnecke stolz.

„Naja, fast. Eine Heidschnucke is'n Schaf. Du bist eine Schnecke!"

„Och Menno", sagte die Schnecke traurig. „Das kann ich mir nie merken!"

„Komm, nicht aufgeben", sagte Gott, „irgendwann kriegst du's hin!"

„Wenn du meinst ..."

Es gab aber auch Tiere, die ihren Namen nicht vergessen hatten. Die wollten einfach anders heißen. Fast täglich kam irgendein Tier, um sich zu beschweren. Die Elster wollte zum Beispiel „Bachstelze" heißen.

„Wieso denn um Himmels willen Bachstelze?", fragte Gott.

„Weil ich so lange Beine hab, mit denen ich prima durch einen Bach stelzen kann!"

„Tja", sagte Gott, „wo du recht hast, hast du recht. Also meinetwegen, dann heißt du ab heute Bachstelze ... und dieser andere schwarzweiße Rabe da drüben heißt jetzt Elster. Und jetzt is ma gut mit diskutieren hier!"

Nur einer hielt sich von dieser ganzen Namensverteilungsaktion fern: der Hase. Er hatte, ehrlich gesagt, Besseres zu tun. Hinter dem Hügel hatte er ein leckeres Kleefeld entdeckt und schlug sich den Hasenbauch voll. Natürlich wusste er zu diesem Zeitpunkt noch gar nicht, dass er sich den Hasenbauch vollschlug, weil er ja noch nicht wusste, dass er ein Hase war. Der Klee schmeckte trotzdem. Also verbrachte er die folgenden Wochen damit, ein Kleefeld nach dem anderen abzufressen. Und immer, wenn er Gott aus der Entfernung sah, machte er sich vom Acker. Er hatte mehrmals beobachtet, wie Gott die anderen Tiere nach ihrem Namen fragte, und ihm war klar, wenn Gott ihn erwischte, würde er ziemlich doof da stehn. Deshalb ging er ihm aus dem Weg.

Doch eines Morgens wachte er auf und Gott stand vor ihm.

„Tach", sagte Gott.

„Tach", sagte der Hase.

Der Hase zuppelte ein Kleeblatt vom Stängel und mümmelte verlegen darauf herum.

„Na, Mümmelmänneken", sagte Gott, „wer bist du denn? Hast du von mir eigentlich schon einen Namen bekommen?" Ehrlich gesagt, konnte sich Gott auch nicht mehr richtig erinnern.

Mist, dachte der Hase, jetzt kommt raus, dass ich die Namensverteilung geschwänzt habe. Ein kalter Schauer lief ihm vom Näschen bis zum Puschelschwanz, er wurde vorne und hinten kreideweiß. (Seit diesem ersten Schreck haben übrigens alle Hasen bis heute einen weißen Fleck auf der Brust und einen unterm Schwanz. Aber das nur nebenbei.)

„Name?", fragte der Hase. „Du meinst, wie ich heiße?" Er überlegte angestrengt. Da war doch eben was gewesen. Genau!

„Mümmelmänneken?", fragte er ängstlich. So hatte Gott ihn doch grade genannt, oder?

Gott lachte sich schlapp. „Ker', Ker', Ker' ... datt kommt davon, wenn man sich lieber die Wampe vollhaut, als sich mit dem Chef zu unterhalten!" Gott schaute den Hasen von oben bis unten an. Er überlegte. Dann beugte er sich herunter und zog dem Hasen seine bis dahin kleinen Stummelohren lang.

„Ich nenne dich: Hase!"

Wie Gott ausgerechnet auf „Hase" kam, weiß kein Mensch. Aber schließlich sind Gottes Wege ja auch unergründlich.

„Hase?", fragte der Hase unsicher und befühlte seine langen Ohren.

„Hase!", wiederholte Gott. „Probleme?"

„Nö, nö", sagte der Hase. „Hase is super!"

Zufrieden ging Gott seiner Wege und ließ den Hasen verwirrt und mit langen Ohren zurück. Und seitdem haben ALLE Hasen ... na ihr wisst schon ...

Wie der Schweinehirte Jörgen die Kohle entdeckte

Jörgen war ein Schweinehirte, irgendwo im Weitmarer Holz bei Bochum. Das war zu Zeiten, als die Schweine noch nicht wie heute in engen Ställen leben mussten, wo sie sich gegenseitig auf die Schweinehaxen treten, sich mit ihrem Schweinegequassel auf die Nerven gehen und nur Abfälle aus schlechten Restaurants zu fressen bekommen.

Zu Jörgens Zeiten hatten es die Schweine noch richtig gut. Sie lebten draußen auf einer Weide, wälzten sich fröhlich im Dreck, galoppierten über die Wiese, steckten sich Gänseblümchen hinters Ohr, spielten Fangen, machten Formationstänze und ließen sich die Sonne auf die Schweinehaut brennen. Aber natürlich musste jemand auf die Schweine aufpassen, weil sie ja sonst ausgebüxt wären. So ein Schwein ist ja nicht doof.

Und genau das war Jörgens Job: Er passte auf die Schweine auf. Den ganzen Tag. Und auch nachts blieb er mit den Schweinen auf der Weide. Allerdings konnte es ganz schön kalt werden, wenn die Sonne untergegangen war. Schweinekalt sozusagen. Und in einer jener kalten Nächte machte Jörgen eine wundersame Entdeckung. Er wollte grade eine Kuhle graben, um darin ein Feuerchen zu entzünden. Das war die einzige Möglichkeit, sich auf der Schweineweide warm zu halten. Doch als er seine Schaufel zum ersten Mal in den Boden rammte, entdeckte er, dass sein Lieblingsschwein Gerda fünf Meter weiter schon ein schönes Loch in der passenden Größe gebuddelt hatte. Und da Jörgen jede unnötige Arbeit zu vermeiden suchte, dachte er sich: Wozu soll ich hier buddeln, wenn da drüben schon ein Loch ist?

Er sammelte Holz, schichtete es in der Kuhle auf und zündete es an. Dann machte er sich eine Dose Ravioli auf (okay, damals gab es noch keine Dosen-Ravioli, aber wir wollen doch nicht pingelig werden, oder?), schlug sich den Bauch voll und schlief dann, in seine Decke eingewickelt, neben der Feuerstelle ein.

Am nächsten Morgen wurde er von Gerda mit einem Nasenstüber geweckt.

„Hömma Gerda", grummelte er in seinen Bart, „muss das sein? Du weißt doch, dass ich da fies vor bin!"

Gerda aber grunzte nur aufgeregt und nickte rüber zur Feuerstelle.

„Was hasse denn? Is' da watt?" Jörgen sah, dass das Holz ganz heruntergebrannt war, unter der Asche aber noch etwas glühte. Er nahm einen Stock und kratzte die Holzasche beiseite. Und tatsächlich: Unten in der Kuhle lagen glühende, in allen erdenklichen Farben leuchtende Steinbrocken.

„Datt gibt's doch nich!", stammelte Jörgen. „Wo kommen die denn her?"

Gerda zuckte ratlos mit den Ohren. Die Steine funkelten und dampften vor sich hin. „Gerda ... ich glaube, datt ist ...

Zauberei!", flüsterte Jörgen und schaute sich ängstlich um. Gerda nickte. Ja, da musste eine Hexe ihre Hände im Spiel haben. Und da Jörgen vor nichts größere Angst hatte als vor Hexerei, packte er mit zittrigen Händen seine Sachen zusammen und zischte Gerda zu: „Los, sag den anderen Bescheid, wir machen uns vom Acker!" Und fünf Minuten später waren Jörgen und seine Schweine verschwunden.

Doch am nächsten Abend auf der nächsten Weide passierte es wieder. Wieder machte Jörgen in einem von Gerda gebuddelten Loch ein Feuer, wieder schlief er selig neben der Feuerstelle ein, wieder weckte ihn Gerda morgens mit einem Nasenstüber – und wieder fanden sie in der Feuerkuhle die glühenden Steine. Und obwohl Jörgen immer noch Angst hatte, wurde er langsam stutzig.

Am darauffolgenden Abend sagte er: „Pass mal auf, Gerda, jetzt schauen wir uns die Kuhle mal *vorher* an!"

Gerda nahm ihren Rüssel aus der Erde, nickte und schaute in ihr frisch gegrabenes Loch. Jörgen linste ihr von hinten über die Schweineschulter. Und tatsächlich: Im Dreck lagen schwarze Steinklumpen. Das mussten sie sein, die Zaubersteine. Jörgen packte ein paar der Klumpen in seine Tasche, auf dem Rest entzündete er das Holz. Und weil er und Gerda in dieser Nacht Feuerwache hielten, konnten sie sehen, wie die Steine irgendwann zu brennen begannen – und schließlich glühten. Es war also keine Zauberei. Jörgen und Gerda hatten brennbare Steine entdeckt! Oder wie wir heute wissen: die Steinkohle!

Jörgen brachte die Steine mit in sein Dorf und führte sie seinen Freunden und Verwandten vor. Die waren sofort begeistert. Nicht nur, weil die Zaubersteine so schön glühten, sondern vor allem, weil das Feuer, das man mit ihnen machen konnte, viel länger brannte und viel mehr Wärme abgab, als die Holzfeuer, mit denen sie ihre Häuser und Hütten bisher geheizt hatten. Sie fragten Jörgen, wo er die Wundersteine her habe.

„Gerda kann euch die Stellen zeigen", sagte er und schickte die Leute mit dem Schwein los.

Und bald schon gruben sie regelmäßig nach der Kohle. So wurden die Leute aus Jörgens Dorf zu den ersten Bergleuten in der Geschichte des Ruhrgebiets. Aber nicht nur die Anderen machte Jörgen mit seinem Fund glücklich. Auch für ihn selbst sollte sich seine Entdeckung noch auszahlen.

Eines Tages nämlich hörte Jörgen auf dem Marktplatz einen Ausrufer folgende Botschaft verkünden: „Höret, ihr untertänigsten Untertanen des königlichen Königs: Die zum Umfallen schöne Prinzessin sucht dringend einen Mann. Gut aussehen soll er, stark sein soll er, aber vor allem was auffe Tasche haben und nicht knausrig sein. Die Prinzessin hat beschlossen, den Mann zum Bräutigam zu nehmen, der ihr die schönsten Edelsteine aufs Schloss bringt!"

Als Jörgen das hörte, strich er Gerda über ihre Borsten und sagte: „Na, Gerda, stark sind wir, gut aussehen tun wir sowieso – und das mit den Edelsteinen kriegen wir auch hin. Ich würde sagen: Da sind wir bei, oder?"

Er packte ein paar Kohlestücke in seinen Beutel, band Gerda einen Strick um den Hals und machte sich dann mit seinem Schwein an der Leine auf den Weg zum Königsschloss. Nach einigen Tagen Wanderung kamen sie an ihr Ziel. Aber die Palastwachen verwehrten ihnen den Zutritt zum Schloss.

„Watt willst du denn hier?", fragten sie ihn herablassend.

„Die Hand der Königstochter!", antwortete Jörgen frech.

Eigentlich hätte er gerne noch hinterhergeschoben: „Ihr Lackaffen!", aber das verkniff er sich lieber.

„DU willst die Königstochter heiraten?" Der Wachmann grinste seinen Kollegen an, zeigte auf Gerda und fuhr fort: „Ich denke da wirst du wohl kein ... Schwein haben!"

Diesen flauen Scherz fanden die beiden so witzig, dass sie sich erst mal schlapp lachen mussten und sich dabei tüchtig auf die Schenkel klopften.

Jörgen lächelte müde. „Das überlasst mal ganz mir."

Die beiden Soldaten musterten Jörgen noch mal von oben bis unten – und prusteten wieder los. „Kuck dir nur mal seine dreckigen Klamotten an! Auf so einen ...", japste der eine und bekam fast keine Luft mehr, „... wartet die Prinzessin doch nur!"

„Weißt du was", schnaufte der andere, „wir lassen ihn rein! Wenn der so vor die Prinzessin tritt, dann gibt's wenigstens mal richtig watt zu lachen!"

Und sie ließen Jörgen durch.

„Aber das Schwein bleibt draußen!"

Schweren Herzens band Jörgen Gerda vor dem Schlosstor an einen Holzpflock und eilte dann alleine in den großen und schrecklich kalten Thronsaal. Dort musste er sich in einer Schlange anstellen. Vor ihm standen lauter bibbernde Herren: Grafen, Herzöge, Prinzen und was der Adel sonst noch zu bieten hatte, und alle hatten sie die kostbarsten Edelsteine dabei. Manche trugen sie lose in kleinen Beuteln bei sich, manche hatten sie sich als Ketten um den Hals gehängt, andere an Ringen über die Finger gestreift ... Und einer nach dem anderen wurden sie von der Königstochter, die in einem dicken Pelzmantel auf dem Thron saß, abgewiesen.

„Nö, gefällt mir nicht ... find ich doof ... das sollen tolle Edelsteine sein? ... Pfft ... wie popelig ...“

Als schließlich Jörgen an der Reihe war, schaute sie ihn und seine schwarzen Kohleklumpen an und schrie: „Wie bitte? Was soll das denn? Du hast dich wohl in der Tür geirrt? Ich will keinen Bauerntrampel! Und ich will Edelsteine!“

„Immer langsam“, sagte Jörgen, „ kuck erst mal genau hin!“ Und dann legte er seine Kohlen ins Feuer, in den einzigen Kamin, der in der Ecke brannte, aber den Saal nicht aufzuwärmen vermochte.

Es dauerte ein Weilchen, bis etwas passierte, was aber nichts machte, denn die Königstochter musste sowieso mal für kleine Prinzessinnen.

Als sie zurückkam, sah sie, wie die Steine in den herrlichsten Farben leuchteten, in Rot, Gelb, Blau und Orange ... und auf einmal wurde es angenehm warm im Saal. Die Prinzessin legte ihren Pelzmantel ab und starrte ins Feuer.

„Du hast recht gehabt: Diese schwarzen Diamanten sind die schönsten Edelsteine, die ich je gesehen habe!“ Und dann schaute sie Jörgen an und lächelte: „Vielleicht müsstest du dich nur mal waschen, ein paar neue Klamotten ... dann könnte vielleicht was werden aus uns ...“

Und Jörgen wusch sich, wurde rasiert und neu eingekleidet und schon fielen die beiden sich um den Hals. Als Jörgen der Königstochter allerdings seine Gerda vorstellte, bekam sie noch mal kurz einen kleinen Herzinfarkt, von dem sie sich aber ganz schnell wieder erholte. Und schon einige Wochen später heiratete die Prinzessin den Schweinehirten, ein großes Fest wurde gefeiert und die beiden lebten lange Jahre glücklich und zufrieden miteinander auf dem Königsschloss. Mit Gerda, die sich da übrigens sauwohl fühlte.

Der Räuberhauptmann Korte

Schon immer gab es solche und solche Räuber. Die einen waren böse, schlecht gelaunt, hatten Mundgeruch und klauten nur aus Raffgier. Dann behumsten sie auch noch ihre Miträuber und gaben das ganze geklaute Geld für Schnaps, fettige Speckwürste und Hütchenspiele aus.

Die anderen waren anders: gewitzte Typen, die es nicht richtig fanden, dass einige wenige Menschen viel – und viele

Menschen gar nichts besaßen. Und die deswegen beschlossen, den Besitz ... nun sagen wir: etwas gerechter zu verteilen, indem sie die Reichen beklauten und das Geld charmant an die Armen weiterreichten. Natürlich zweigten sie immer auch etwas für sich selber ab, denn erstens mussten sie ja auch leben und zweitens waren sie nicht doof. Gerecht zu sein heißt ja nicht, dass man sich nicht ab und zu einen ordentlichen Gänsebraten oder eine Käse-Sahnetorte gönnen darf.

Der bekannteste dieser Räuber hieß Robin Hood. Er wohnte mit seiner Bande im Sherwood Forest in England und war ein Wahnsinns-Bogenschütze. Nach ihm ist das legendäre Robin-Hood-Doppel-Pfeil-Kunststück benannt, das er perfekt beherrschte und bei Wettkämpfen im Räuberlager gerne vorführte: Mit dem ersten Pfeil traf er genau in die Mitte der Zielscheibe – soweit so gut, nicht übel, aber das konnten viele. Dann aber schoss er einen zweiten Pfeil ab, der wiederum den ersten Pfeil genau in der Mitte traf und ihn der Länge nach spaltete. Wozu man so etwas können muss, weiß bis heute keiner, wahrscheinlich war es pure Angeberei, aber ansonsten war nichts gegen Robin zu sagen. Er war ein sympathischer Kerl: freundlich zu den Schwachen und knüppelhart zu den Starken und Gemeinen. Er war jemand, den man sich als großen Bruder wünscht, wenn man mal wieder vom fiesen Pascal, diesem muskelbepackten Typen aus der Parallelklasse, geärgert wird. Und deswegen gibt es auch bis heute viele Geschichten, Lieder und Filme über den guten Gangster Robin Hood.

Aber hier geht es ja nicht um England und den Sherwood Forest, sondern um das Ruhrgebiet. Und selbstverständlich gab es auch hier einen solchen netten Halunken. Der Ruhr-Robin hieß Korte. Mit Vornamen Heinrich oder Wilhelm – da ist man sich nicht ganz einig – und er kam aus dem Süden von Bochum, genauer gesagt aus Bochum-Stiepel. Er lebte vor ungefähr hundertfünfzig Jahren.

Eigentlich war er Bergmann, und im Gegensatz zu vielen anderen hatte er noch Arbeit. Damals wurden grade mal wieder viele Leute entlassen und da es noch kein Arbeitslosengeld gab, hatten sie schlicht und einfach nichts zu essen. Gar nichts. Sie hungerten. Und dieser Hunger ist etwas anderes, als wenn man spät nachmittags um fünf denkt: Och, jetzt könnte ich mal wieder ein Häppchen nehmen, schade dass es erst um sieben Abendbrot gibt. Von dem richtigen, echten Hunger, den man leidet, wenn man tagelang nichts zu essen bekommt (außer vielleicht eine Wassersuppe), wird einem übel, man wird schwach, schlapp und krank. Und irgendwann stirbt man.

Korte erlebte jeden Morgen, wenn er und seine Kollegen zur Arbeit gingen, dass die Kinder der Arbeitslosen hinter ihnen her liefen und um Brot bettelten. Korte ließ sich von seiner Frau schon immer ein paar Stüllchen mehr schmieren, aber natürlich reichte das nicht für alle. Irgendwann setzte sich Korte mit ein paar Freunden zusammen, um zu überlegen, was man tun könnte, um die Not zu lindern. Und da die Kumpel keine Möglichkeit hatten, den Arbeitslosen wieder Arbeit zu verschaffen, damit sie sich selbst Essen kaufen konnten, kamen sie auf die Idee, Nahrungsmittel für die Armen zu „organisieren" beziehungsweise zu „besorgen" – ach was, seien wir ehrlich: zu klauen! Darum geht es hier ja.

„Aber damit eins klar ist", sagte Korte, „wir beklauen nur die Bonzen. Wenn ich einen dabei erwische, dass er einen kleinen Gemüsehändler beklaut, gibt's was auffe Omme!"

Bonzen wurden alle genannt, die viel Geld hatten, weil sie andere für sich arbeiten ließen: reiche Kaufleute, die Besitzer der Bergwerke und die Großbauern.

„Als Erstes steigen wir nachts in die Gärten der großen Villen ein und ernten das Obst von den Bäumen!"

Sie nahmen große Holzkisten mit und fielen über die Obstbäume her wie ein hungriger Heuschreckenschwarm über ein Getreidefeld. Sie packten die Äpfel und Birnen in Kisten und stellten sie dann vor den Türen der arbeitslosen kinderreichen Familien ab, die sich natürlich freuten, als wären Weihnachten und Ostern auf einen Tag gefallen. Oder als wäre der VfL Bochum Deutscher Meister geworden …

Und weil es so gut funktioniert hatte, zogen Korte und seine Freunde nun jede Nacht los. Aber natürlich blieb das nicht unbemerkt. Wenn ein einzelner Obstgarten einmal geplündert wird, wundert man sich – wird allerdings jede Nacht ein anderer Obstgarten abgeerntet, dann schaltet sich die Polizei ein. Und so passierte es, dass Kortes Räuberbande eines Nachts von einem Begrüßungskommando erwartet wurde: Kaum waren sie über die Mauer geklettert, da erhellte eine Lampe die Dunkelheit und Schüsse fielen.

Als Korte die Kugeln um die Ohren pfiffen, blies er zum Rückzug: „Los, abhauen, die sind bewaffnet!" So schnell es ging, sprangen sie zurück über die Mauer und verdufteten.

Am nächsten Morgen stand in der Zeitung:

Terror in Bochum: Eine Räuberbande nimmt Stiepel aus!

Die Meinungen über Korte und seine Freunde waren natürlich geteilt: Für die Reichen waren sie Verbrecher, kriminelles Gesindel, das ins Gefängnis oder an den Galgen gehörte. Nicht zuletzt, weil Korte ihnen deutlich sagte, was er von ihnen hielt. So hatte er zum Beispiel einmal an der Tür eines als herzlos geltenden Großbauern folgende gereimte Nachricht hinterlassen:

„Du kennst weder Not noch Leid,
und kennst auch keine Barmherzigkeit.
Wir werden uns beeilen,
deinen Überfluss zu teilen,

21

denn nichts gehört dir allein:
Gerecht muss hier der Ausgleich sein!"

Für die Armen aber, die von Korte beschenkt wurden, waren er und seine Räuberkumpane menschliche Engel.

Vielleicht konnte die Polizei deswegen auch lange nicht herausfinden, wer dieser Räuberhauptmann war. Es gab zu viele Leute, die ihn deckten. Aber leider gab es auch die anderen. Ein verbittertes Ehepaar zum Beispiel, das zwar ebenfalls arbeitslos war, aber keine Kinder hatte und deswegen von Korte nie ein „Geschenk" bekam. Sie konnten nicht verstehen, dass Kortes Bande die Familien mit hungernden Kindern bevorzugten. Und sauer, wie sie deshalb waren – und gelockt von der ausgesetzten Belohnung –, gingen sie eines Morgens zur Polizei und petzten: „Der Räuberhauptmann ist kein anderer als der Bergmann Korte!"

Aber manchmal kommt's eben anders, als man denkt. Manchmal wird ein Verrat durch einen anderen wieder ausgeglichen. So erzählte der Polizist beim Mittagessen – es gab Stampfkartoffeln und Blutwurst – seiner Frau von der Anzeige gegen Korte. Die Frau des Polizisten aber schlich sich sofort zu Kortes Frau und sagte: „Pass ma' auf Rita, dein Mann soll heute Abend, wenn er vonne Schicht kommt, verhaftet werden." Kortes Frau bedankte sich, rannte sofort zur Zeche und warnte ihren Mann. Der ging natürlich nach der Schicht nicht nach Hause, sondern versteckte sich mit seinen Männern in einem stillgelegten Bergwerk, das er nun zu seinem Hauptquartier machte. Und die Diebeszüge gingen selbstverständlich weiter. Jetzt erst recht. Aber hallo. Korte hatte ja nichts mehr zu verlieren. Und langsam bekam er wohl auch Spaß an der Sache.

Einmal saßen ein paar Polizisten in einer Gastwirtschaft zusammen und unterhielten sich über ihn: „Dieser Korte ist wirklich ein raffinierter Hund!", sagte einer.

„Man könnte fast glauben, dass da was nicht mit rechten Dingen zugeht", antwortete ein anderer. Und während sie noch darüber spekulierten, ob Korte nicht vielleicht einflussreiche Freunde hatte oder gar mit dem Teufel im Bund war, stand ein Gast auf, schlenderte pfeifend zum Fenster und öffnete es. Er streckte sich, atmete tief durch und sagte: „Also, wenn ihr den Korte sucht, dann würde ich an eurer Stelle jetzt mal ganz genau hinkucken. Der macht nämlich hier gleich einen gepflegten Abgang. Glück auf, die Herren!" Dann sprang er aus dem Fenster und machte sich aus dem Staub.

Die Polizisten waren so verdutzt, dass sie ein paar Minuten brauchten, bis sie kapierten, wer da grade vor ihnen aus dem Fenster gehopst war. Als sie schließlich hinter Korte herlaufen wollten, war dieser schon im Wald verschwunden.

Ganz so viel Glück hatte Korte aber nicht immer. Eines Tages entdeckte ein Bauer sein Hauptquartier und meldete es der Polizei. Die rückten sofort aus und umstellten den Zugang zur alten Zeche. Der Oberpolizist rief: „Korte, wir wissen, dass du da drin bist. Komm sofort raus und ergib dich!"

Korte antwortete: „Ich denk' gar nicht dran."

Der Polizist brüllte: „Du sollst rauskommen, verdammt nochmal, sofort, mit erhobenen Händen!"

Korte aber lachte nur: „Wenn ihr mich unbedingt haben wollt, dann kommt doch rein und holt mich. Allerdings kriegt der Erste, der hier seinen Kopf reinsteckt, meinen Knüppel auf die Rübe. Also, ich warte ..."

Und da keiner der Polizisten scharf darauf war, verprügelt zu werden, beschlossen sie, bis zum Abend abzuwarten, um Korte im Schutz der Dunkelheit zu überrumpeln.

In der Zwischenzeit aber hatte es sich herumgesprochen, dass der berühmte Räuberhauptmann Korte in der alten Zeche saß und die Polizei ihn verhaften wollte. Von überall her strömten die Leute herbei, um dem Spektakel beizuwohnen: Zunächst kamen Kortes Opfer, die Kaufleute, die Grubenbesitzer und reichen Bauern. Aber dann erschienen auch arbeitslose Bergleute und sogar einige bisher unerkannt gebliebene Mitglieder aus Kortes Bande.

Die von Korte Bestohlenen riefen: „Komm raus, du Schabe, wir wollen unser Eigentum zurück!" – „Na, wo isser denn, der tolle Räuberhauptmann? Traut sich wohl nicht raus?" – „Na Korte, hast du dich wie eine Ratte in einem Loch versteckt? Komm raus und wir zeigen dir, was man mit Ungeziefer macht."

Auf einmal hörte Korte aber eine Stimme, die ihm bekannt vorkam: „Korte, komm raus und stell dich!" War das nicht der dicke Struck, einer seiner treuesten Miträuber? Korte dachte nach. Das konnte der doch nicht ernst meinen. Wollte Struck etwa wirklich, dass er den Rest seines Lebens im Gefängnis verbrachte? Nee, nee, da musste was anderes dahinterstecken. Vielleicht hatten seine Freunde einen Plan, um ihn zu befreien ...

Korte beschloss, sein Schicksal in die Hände der Männer zu legen, denen er auch in den letzten Jahren immer vertraut hatte. Er kroch aus der Zeche. Sofort stürzte sich der Mob brüllend auf ihn: „Du Dieb, jetzt gibt's was auf die Backen!" Aber auch seine Freunde, die draußen gewartet hatten, stürzten sich auf ihn.

Die einzige Lampe, die die Dunkelheit erhellte, krachte auf den Boden und das Chaos brach aus. Man hörte Schreie, jeder rangelte mit jedem, Knüppel sausten durch die Luft: „Aua, mein Kopp … Und immer feste druff … Getzt aber!" Die verwirrten Polizisten standen mittendrin und brüllten: „Auseinander, aufhören!" Dann hörte man plötzlich jemanden rufen: „Ich hab ihn. Hier is' Korte!" Aber zwei Sekunden später brüllte jemand aus einer anderen Ecke: „Quatsch, hier ist der Hund, ich brauche Handschellen!" Und wieder einen Moment später riefen zwei im Chor: „Ihr seid doch bescheuert, kommt hier rüber, wir haben ihn geschnappt!"

Irgendwann gelang es den Polizisten, eine neue Lampe anzuzünden. Und als sie allen gefangenen „Kortes" nacheinander ins Gesicht leuchteten, war natürlich kein einziger richtiger dabei: Es waren Bauern, Knechte und sogar ein Zechenbesitzer. Alle hatten ordentlich was auf die Mütze bekommen und hielten sich ihre geschwollenen Backen und blutenden Nasen. Korte aber hatte das von seinen Leuten veranstaltete Durcheinander genutzt und war verduftet. Und wurde nie wieder gesehen.

Man erzählt sich, er sei nach Holland geflohen, habe seine Familie nachkommen lassen, und sei von dort mit dem Schiff nach Amerika ausgewandert, wo er noch mal ganz von vorne angefangen habe.

Ob er da allerdings als Bergmann arbeitete, Cowboy wurde oder vielleicht doch als „Willy the Korte" Banken ausraubte und das Geld armen Farmern schenkte, wissen wir nicht. Letzteres könnte man sich aber gut vorstellen. Oder wie man im Ruhrgebiet sagen würde: Aber sicher!

Warum der Teufel einen Pferdefuß hat

Wenn man früher jemandem Angst machen wollte, drohte man ihm mit dem Teufel. Der Teufel war das Schlimmste, was man sich vorstellen konnte. Noch schlimmer als Lord Voldemort. Oder Sauron. Oder Darth Vader in seiner dunklen Phase. Aber genau wie die drei anderen war auch der Teufel nur eine ausgedachte Figur. Eigentlich musste man also keine Angst vor ihm haben. Da die Menschen das damals aber nicht wussten, hatten sie einen Höllenschiss vor ihm. Im wahrsten Sinne des Wortes, denn da war er ja zu Hause, der Teufel: in der Hölle. Und dort, in der Hölle, landete nach dem Tod angeblich auch jeder, der sich im Leben schlecht benommen hatte. Wer sich gut benommen hatte, kam in den Himmel. Da sich aber niemand ununterbrochen gut benehmen kann, hatten alle ständig Angst, in der Hölle zu enden. Um die Situation etwas zu entspannen und sich nicht immer fürchten zu müssen, erfanden die Menschen Mutmach-Geschichten, die davon handelten, wie man den Teufel hereinlegen konnte. Und die wiederum waren durchaus lustig. Vor allem die aus dem Ruhrgebiet. So wie diese hier:

Der Teufel war sauer. Stinkesauer. Weil schon lange keine Bergmannsseele mehr in der Hölle geschmort hatte. Entweder waren die Bergmänner zu brav oder zu raffiniert. Zum Beispiel hatten sich die Kumpel angewöhnt, kurz bevor sie in die Grube einfuhren, ein schnelles Blitzgebet zu sprechen. Wenn dann im Bergwerk ein Unglück passierte und einer von ihnen starb, kam er direkt in den Himmel und der Teufel kuckte in die Röhre. Das war so eine Abmachung mit Gott: Egal, was du vorher gemacht hast, wenn du kurz vorm Tod ein Gebet sprichst, kommst du in den Himmel. So waren die Regeln. Das nervte den Teufel gewaltig. Also beschloss er, die Regeln zu brechen und sich eigenhändig einen Bergmann aus der Zeche zu holen. Gebet hin, Gebet her.

Er nahm den Höllenfahrstuhl nach oben – die Hölle liegt ja bekanntlich noch tiefer in der Erde als jedes Bergwerk – und streifte durch die Stollen des Reviers. Immer wieder sah er größere Gruppen von Bergleuten, die mit Schlägel und Eisen Kohle aus dem Flöz brachen oder die losgeschlagene Kohle in die Holzwagen, die „Loren", schaufelten. Aber er hielt sich stets in sicherer Entfernung, denn auch als Teufel legt man sich besser nicht mit einem ganzen Haufen Ruhrgebietskumpel an.

Er suchte weiter. „Zum Teufel noch mal", sagte er zu sich, „hier muss es doch irgendwo einen einzelnen Bergmann geben, den ich mir unter den Nagel reißen kann." Als er schon fast keine Lust mehr hatte, stieß er auf einen Kumpel, der Löcher in die Strecke bohrte. Der Teufel kontrollierte, ob sonst niemand im Stollen war. Alles klar, die Luft war rein.

Er rief: „He du, ich schätze, das ist heute nicht dein Glückstag!"

Der Bergmann drehte sich um, sah den Teufel, behielt aber die Nerven.

„Wieso? Gibt's Probleme?"

„Na, dann schau mich mal richtig an!"

„Und?"

„Ich bin der Teufel!"

„Und?"

„Ich werde dich jetzt in die Hölle mitnehmen!"

„Verstehe", sagte der Kumpel, machte aber keine Anstalten sich zu bewegen.

„Los geht's", sagte der Teufel

„Ich überlege nur grade, ob du nicht lieber gleich zwei Seelen mitnehmen möchtest?", fragte der Bergmann kühl.

Der Teufel stutzte. Klar, zwei Seelen waren besser als eine.

„Wo ist denn diese zweite Seele?"

Der Kumpel zeigte auf das Loch, das er grade gebohrt hatte. „Hier drin! Der Bergmann ist gestern hier unten gestorben und seine Seele hat noch nicht den Weg nach oben gefunden. Und als sie dich vorhin gehört hat, ist sie schnell hier reingekrochen."

Offensichtlich war der Teufel nicht nur böse, sondern auch ziemlich doof, denn er stieg sofort auf die Geschichte ein.

„Ja, dann her mit dem feigen Seelchen!"

„Pass auf", sagte der Bergmann, „ich muss nur schnell hinter die Ecke da hinten und einen Krätzer holen. Damit kannst du dann die Seele aus dem Loch kratzen. Aber damit sie nicht abhaut, musst du solange deinen Fuß auf das Loch stellen!"

„Klar, mach ich", sagte der Teufel und verschloss mit seinem Fuß das Bohrloch.

Der Bergmann war allerdings kein einfacher Bergmann, sondern ein Sprengmeister und hatte eben noch Sprengpatronen in die Löcher gesteckt. Er ging um die Ecke, wo natürlich kein Krätzer lag, sondern ein großer Sprengkasten stand. Der Sprengmeister schaute noch mal ums Eck und – wunderbar: Der Teufel presste seinen Fuß auf das mit der Patrone gefüllte Loch und winkte ihm zu, er solle sich beeilen.

Seelenruhig drückte der Bergmann den Zündhebel des Sprengkastens herunter, es rummste gewaltig – und der Fuß des Teufels war hin. Und weg. Fluchend und auf einem Bein hüpfend machte er sich davon.

Noch wochenlang humpelte er auf seinem Stumpen durch die Hölle, bis er sich in der Rossschlachterei einen alten Pferdefuß besorgte und sich diesen ans Bein hexte. Richtige Prothesen gab's damals ja noch nicht ...

An den Seelen der Bergmänner aber hatte er für immer das Interesse verloren.

Der festgesetzte Fuhrmann

J n früheren Zeiten waren Gastwirtschaften nicht einfach nur Orte, wo man Bier, Wein und Apfelschorle trank und sich mit Rindsrouladen oder einem überbackenen Dönerteller den Bauch vollschlug. Oft lagen die Wirtschaften an Wegkreuzungen und dienten Reisenden und Fuhrleuten dazu, sich auszuruhen und den Pferden etwas zu fressen und zu saufen zu geben. Wenn es spät wurde, konnte man dort auch übernachten. Eigentlich waren die Gastwirtschaften so eine Art Autobahnraststätte für Lkw-Fahrer. Nur dass es damals noch keine Country-Musik und keine Currywurst gab. Und keine Lkws.

Die Wirtschaft, in der unsere Geschichte spielt, heißt „Am Esel" und liegt auf dem Weg von Kettwig nach Mintard. Die gibt es sogar heute noch. „Am Esel" heißt die Wirtschaft übrigens, weil dort zu früheren Zeiten angeblich stets ein gesattelter Esel bereitgehalten werden musste, falls die Freifrau von Nesselrode, die nebenan im Schloss Hugenpoet wohnte und eine ziemliche Tussi gewesen sein muss, mal einen Ausflug in den Wald machen wollte. Den Esel brauchte sie, weil sie zu faul war, zu Fuß zu gehen. Aber diese Geschichte soll ja nicht von adligen Frauen handeln, die vergessen haben, wozu der Herrgott ihnen Füße gegeben hat. Nein, unser Thema ist: Zauberei!

In der Wirtschaft „Am Esel" trafen sich nämlich regelmäßig ein paar junge Männer zum Kegeln. Zumindest sagten sie dies, aber eigentlich war das nur ein Vorwand, um Bier zu trinken und anzugeben. Nun gibt es ja verschiedene Dinge, mit denen man angeben kann: zum Beispiel damit, wie reich man ist, dass man das tollste Haus der Welt, fünf Autos und einen Swimmingpool besitzt oder einen Diener, der nur dazu da ist, einem nach dem Duschen zwischen den Zehen abzutrocknen. Wenn man nicht so viel Geld hat, muss man damit angeben, wie toll man irgendwas kann: Fußball spielen zum Beispiel. Oder Dauerrülpsen. Oder: Zaubern! Richtig zaubern können nämlich nur ganz wenige. Aber wenn man – wie einer der Kegelbrüder im „Esel" – der Sohn eines Zauberer-Ehepaars ist, und das erste Wort, das man sprechen konnte, „Abrakadabra" war, dann kann man bei jeder Kneipenangeberei locker mithalten. Leider wissen wir nicht mehr, wie unser Nachwuchszauberer hieß. Aber das macht nichts, wir geben ihm einfach einen neuen Namen. Wie könnten wir ihn nennen? Vielleicht ... Harry? Nö, wir nennen ihn: Roy. Und mit Nachnamen Siegfried. Roy Siegfried! Ja, das klingt gut.

„Wie jetzt, Roy? Du kannst zaubern? So richtig in echt?",
fragte einer seiner Mit-Kegler.

„Dann zauber mir mal ganz schnell das Bierglas wieder
voll!", sagte ein anderer und hielt Roy seinen leeren Humpen vors Gesicht.

„Leere Gläser voll machen kann jeder Wirt", antwortete
Roy gelangweilt. „Dazu braucht man keine Magie."

„Dann beweis es uns auf eine andere Art!"

Da beugte sich Roy über den Tisch und flüsterte: „Seht ihr
den Fuhrmann dort drüben? Der mit dem Schnäuzer und
der Lederweste?"

Die anderen nickten.

„Wenn der nachher mit seinem Gespann losfahren will –
dann wird er es nicht können. Seine Pferde werden keinen
Schritt vorwärtsgehen, kein Rad wird sich drehen!"

„Und wieso?", fragte der offensichtlich dümmste Kegelfreund. Sein Nebenmann schlug ihm mit einer zusammengerollten Zeitung auf den Kopf.

Keine zehn Minuten später erhob sich der Fuhrmann und
ging hinaus. Die Kegelbrüder folgten ihm. Sie stellten sich
vor die Tür und schauten ihm zu. Er stieg auf seinen Wagen,
nahm die Zügel in die Hand und wollte losfahren. Und tatsächlich: Die Pferde bewegten sich keinen Zentimeter. Egal,
ob der Fuhrmann fluchte, die Peitsche auf ihr Hinterteil
knallen ließ oder abstieg und die Gäule am Zaumzeug zog.

Als die Kegler begannen, sich über den Fuhrmann und
seine Bemühungen lustig zu machen, drehte sich dieser um
und sagte: „Ich weiß nicht, wie ihr das gemacht habt, aber
macht es sofort wieder rückgängig!"

Einer der jungen Burschen antwortete: „Keine Ahnung,
wovon du da redest."

„Ihr wisst sehr wohl, was ich meine. Das ist schwarze Magie. Also: Im Namen des Vaters, des Sohnes und des Heiligen Geistes – hebt diesen Fluch auf!"

Aber die jungen Männer lachten nur. Roy hielt sich im Hintergrund und tat so, als wüsste er am wenigsten von der ganzen Sache. Als einer seiner Freunde ihn anstupste und fragte: „Meinst du nicht, es reicht jetzt?", schüttelte er nur den Kopf. „Nee, jetzt wird's doch erst richtig lustig!"

Als braver Zauberersohn hätte Roy eigentlich wissen müssen, dass man seine Zauberkraft nicht für so einen Unsinn missbrauchen durfte. Aber jetzt konnte und wollte er die Show nicht einfach unterbrechen. Auch wenn er schon ahnte, dass er dafür würde bezahlen müssen ...

In der Zwischenzeit hatte sich der Fuhrmann den Wagen und die Pferde noch einmal genau angeschaut, in der Hoffnung, irgendetwas zu finden, das den Zauber entkräften könnte. Dabei hatte er entdeckt, das eines der Räder eine Speiche zuviel hatte: Dreizehn statt wie üblich zwölf. Und da die Dreizehn seit jeher eine Unglückszahl ist, konnte es nur daran liegen. Kurz entschlossen holte der Fuhrmann eine Hacke aus dem Wagen, ging zu dem Rad und schlug mit voller Wucht die dreizehnte Speiche durch.

Im selben Augenblick hörte man ein Pferdewiehern und zugleich einen menschlichen Schrei. Die Pferde hatten erschrocken ein Sprung nach vorne gemacht und im Hauseingang war unser Zauberer, der gute Roy, einfach umgefallen. Ach was, er war aus dem Stand mit vollem Karacho hingeknallt. So, als habe ihm eine unsichtbare Macht die Beine weggezogen. Die Magie funktionierte also auch anders herum: Der Fuhrmann hatte mit seinem Schlag nicht nur die Speiche und den Zauber, sondern auch Roys Bein gebrochen. Zufrieden stieg er nun auf seinen Wagen, schwang die Peitsche und fuhr los, Richtung Mintarder Berg.

Roy ließ sich von seinen Kegelbrüdern in die Wirtschaft tragen und auf eine Bank legen. Und während ihm der herbeigeholte Bader das Bein schiente – was verdammt wehtat –, beschloss Roy, in Zukunft nicht mehr aus Quatsch und Angeberei zu zaubern. Angeben konnte er ja auch mit anderen, weniger gefährlichen Sachen. Zum Beispiel mit diesem lustigen Pupsgeräusch, das entstand, wenn man die Hand in die Achselhöhle klemmte und ordentlich zudrückte. Oder damit, dass er einundzwanzig hartgekochte Eier essen konnte, ohne dass ihm schlecht wurde. Die Zauberei würde er sich unbedingt für wichtigere, ernste Gelegenheiten aufheben. Geschworen! Es sei denn, ihm war mal wieder ganz dolle langweilig ...

Das große Grubenunglück auf der Zeche Neu-Iserlohn und der Berggeist

Die Bergleute haben für viele Dinge ganz eigene Ausdrücke. Vor allem natürlich für alles, was im Bergbau wichtig ist. So nennen sie die Luft unter Tage „Wetter". Allerdings gibt es im Bergwerk ganz unterschiedliche „Wetter". „Frische" Wetter kann man ohne Bedenken einatmen, „matte"

und „böse" Wetter hingegen sind gefährlich, weil sie nicht viel Sauerstoff, aber dafür giftige Gase enthalten. Bilden sich im Bergwerk „schlagende Wetter", wird's richtig heikel. Das bedeutet nämlich, dass die Luft mit brennbaren Grubengasen vermischt ist. Und dann reicht ein kleiner Funke und es gibt eine Riesenexplosion. Und um einen solchen Riesenknall geht es in dieser Geschichte. Erzählt wurde sie von Karl Schmidthaus aus Bochum, dessen Großvater darin eine Rolle spielt.

Dieser Großvater hatte nämlich damals in der Zeche „Neu-Iserlohn" in Bochum-Langendreer gearbeitet. Und in dieser Zeche, im Schacht 1, erschien den Bergleuten am 12. Januar 1868 ein seltsamer alter Mann. Gekleidet war er wie ein Bergmann, aber er hatte einen ungewöhnlich langen weißen Bart. Und niemand hatte ihn je zuvor gesehen. Er blieb in ungefähr zehn Metern Abstand stehen und sah die Bergmänner schweigend an.

„Watt is datt denn?", wunderte sich einer der Kumpel. „Der Weihnachtsmann?"

„Klar", antwortete ein anderer, „der arbeitet von Januar bis November unter Tage. Der muss ja auch von irgendwas leben!"

Die Bergmänner lachten.

Doch da erhob der alte Bergmann erst seine Öllampe und dann warnend den Zeigefinger der rechten Hand. Und im nächsten Moment war er verschwunden. Als habe er sich in Luft aufgelöst.

Die Bergmänner verstummten. Aber da keiner vor den anderen zugeben wollte, dass er Angst hatte, arbeiteten sie schnell weiter und taten, als sei nichts gewesen.

Am folgenden Tag erschien ihnen der bärtige Mann wieder. Diesmal sah er noch ernster aus. Er hob nicht nur Lampe und Zeigefinger in die Höhe, sondern schüttelte auch den Kopf.

„Watt will der denn bloß?", fragte der Kumpel, der am Tag vorher den Weihnachtsmannscherz gemacht hatte.

„Vielleicht mal ordentlich rasiert werden?", antwortete ein anderer.

Aber an diesem Tag lachte keiner mehr. Sekunden später verpuffte die Erscheinung wieder. Den Bergmännern war klar, dass sie es hier mit einem Geist, einem Berggeist zu tun hatten. Und dass er ihnen irgendetwas sagen wollte. Am dritten Tag hob der Berggeist dreimal warnend die Hand. Dann hielt er die Öllampe ganz nah neben sein Gesicht. Die Kumpel konnten jede einzelne Sorgenfalte auf seiner Stirn erkennen. Der Geist öffnete die Lampe und in diesem Moment schoss die Flamme zischend heraus und verschwand in der Strecke.

Die Kumpel schrien und rannten zum Schacht, wo sie vor Angst schlotternd das Ende der Schicht abwarteten. Aber auch an diesem Tag passierte weiter nichts.

Am nächsten Tag ging der Großvater von Karl Schmidthaus nicht zur Arbeit. Vor was auch immer der Berggeist warnen wollte, er hatte keine Lust dabei zu sein, wenn es passierte. Er stand kurz davor, zum vierten Mal Vater zu werden und das wollte er noch erleben. Seine Frau war hochschwanger, das Kind konnte jeden Tag kommen. Also behauptete er an jenem Morgen, seine Frau läge schon in den Wehen und er könne heute nicht einfahren. In Wahrheit ging es der Frau aber noch prima und das Kind sollte erst am nächsten Tag, am 16. Januar, auf die Welt kommen. Da jedoch war das Unglück schon geschehen: Am 15. Januar 1868 entzündeten sich in der Zeche Neu-Iserlohn schlagende Wetter. Es war das schlimmste Grubenunglück, das es bis zu diesem Zeitpunkt im Bergbau gegeben hatte. Einundachtzig Bergleute starben. Und fast wären es zweiundachtzig gewesen.

Der Raubritter Joost von Burg Blankenstein

Raubritter waren ziemlich fiese Typen. Sie hausten auf ihren Burgen, wuschen sich nur jeden ersten Freitag im Monat (und dann auch nur mal ganz schnell mit dem Waschlappen am Hals) und außer essen, sich betrinken und fies sein machten sie eigentlich nichts. Zum Fiessein gehörte es, nach Lust und Laune Diener zu verprügeln und Reisende auszurauben. Wann immer jemand an ihrer Burg vorbeizog, flitzten sie schwer bewaffnet vors Tor und gaben den Vorbeiziehenden im besten Falle eins auf die Mütze, im schlechtesten Fall brachten sie sie einfach um. Immer jedoch nahmen sie den Reisenden alles ab, was diese bei sich trugen. Dann kehrten die Raubritter mit ihrer Beute zurück in ihre

Burg und legten sich wieder auf die faule Haut, bis der nächste Fremde vorbeikam.

Und genauso einer war der Raubritter Joost. Er lebte auf der Burg Blankenstein bei Hattingen und fand es zum Beispiel unglaublich witzig, kreuz und quer durch die Felder der Bauern zu reiten und damit die Ernte kaputt zu machen. Und wenn die Bauern es wagten, sich darüber zu beschweren, zog er seine Peitsche und ließ sie auf ihre Rücken niedersausen. Da der Ritter ja ihr Herr war und die Bauern seine Untergebenen, hatten sie niemanden, der ihnen zur Hilfe kommen konnte. Auch der Pfarrer half den Bauern nicht. „Benehmt euch ordentlich", sagte er, „dann kommt ihr später in den Himmel. Und da werdet ihr dafür belohnt, dass ihr hier auf Erden so leiden musstet! So und jetzt muss ich zum Abendessen. Es gibt dicke Bohnen mit Speck. Amen."

Aber manchen Bauern reichte das nicht. Himmel – schön und gut, gegen den war nichts zu sagen, aber ihnen ging es hier und heute schlecht. Und das wollten sie ändern. Sie hatten die Faxen endgültig dicke und beschlossen, sich zu wehren. Und so trafen sie sich mit einigen Kaufleuten aus der Umgebung, die alle kurz vor der Pleite standen.

Ihre Geschäfte liefen katastrophal, weil Joost jeden Transport überfiel, und ihnen deswegen nach und nach alle Kunden absprangen.

„Wir müssen die Burg stürmen und diesen Hund vertreiben!", sagte einer der Kaufleute.

„Quatsch", antwortete ein Bauer, „die Burg Blankenstein kann man nicht stürmen. Die Mauern sind viel zu dick und außerdem hat Joost jede Menge Wachen, die alle mindestens so fies und brutal sind wie er selber."

Hm ... Das Ganze war nicht so einfach.

„Wie wär's mit Aushungern?" Der Bauer biss in einen rot-
backigen Apfel.

„Wie jetzt? Aushungern? Wie soll das denn gehen?", fragten die Kaufleute.

„Na, wir ziehen vor die Burg und machen dicht. Keiner
kann rein, keiner kann raus! Irgendwann geht ihm dann das
Essen aus und dann isser fällig! Mal kucken, wie lange der
das durchhält!"

Und so machten sie es: Alle, die noch eine Rechnung mit
Joost offen hatten – und das waren nicht wenige – zogen vor
die Burg und machten dicht. Sie ließen niemanden durch,
egal in welche Richtung. Aber den Raubritter schien das gar
nicht zu stören. Aus der Burg hörte man nur lautes Gegröle
und Gezeche. Offensichtlich ließen Joost und seine Kumpel
es sich gut gehen. Ab und zu schmissen sie ein leeres Wein-
fass über die Burgmauer, gefolgt vom Inhalt ihrer Mülleimer
und höhnischem Gelächter. Manchmal flogen auch schmut-
zige Socken über die Mauer ... und andere Dinge, die hier aus
Gründen der Appetitlichkeit unerwähnt bleiben sollen.

Die Belagerer bekamen langsam schlechte Laune. Und das
zu Recht. Seit zwei Wochen hingen sie hier vor der Burg rum,
vernachlässigten ihre Felder und Geschäfte – und wofür?
Joost amüsierte sich köstlich und schien nach wie vor mit
allem versorgt zu sein.

Da kam eine alte grummelige Frau des Weges, sah die ge-
nervten Gesichter und fragte: „Na Jungs, läuft wohl nicht so?"

„Nee, dem is nicht beizukommen. Der macht sich nur lustig über uns."

Die alte Frau dachte kurz nach, rieb sich die haarige Warze
an ihrem Kinn und sagte: „Wasser! Das ist die Lösung: Ihr
müsst ihm das Wasser abgraben. Dann wird er mürbe."

„Kein schlechter Gedanke", sagte der Anführer der Belagerer, „aber wie finden wir die Quelle?"

Wieder rieb sich die alte Frau ihre Warze. Dann zuckte sie mit den Schultern und sagte: „Keine Ahnung. War auch nur so 'ne Idee." Und dann ging sie weiter. Die Belagerer schauten ihr verwirrt hinterher.

Doch plötzlich blieb die Greisin noch einmal stehen, drehte sich um und flüsterte: „Jetzt hab ich's: Ein Esel! Ihr braucht einen Esel. Dem gebt ihr drei Tage nichts zu trinken, dann lasst ihr ihn zum Burgberg laufen. Da, wo er mit den Hufen scharrt, müsst ihr graben. Da ist die Quelle, die den Burgbrunnen speist."

Die Belagerer schauten sich an und begannen zu jubeln.

„Reißt euch mal zusammen", sagte die Greisin, „so dolle is der Einfall auch nicht. Da hättet ihr auch selbst drauf kommen können. Muss man halt mal'n bisschen nachdenken, ihr Kohlköppe." Und dann zog sie muffelnd von dannen. Oder von hinnen? Egal. Auf alle Fälle beschlossen die Bauern und Kaufleute, es genauso zu machen.

Sie gaben dem Esel nichts mehr zu trinken, und nach drei Tagen begann er vor Durst zu schreien. Sie ließen ihn los und er rannte zum Burgberg, umrundete die Burg drei Mal, bis er plötzlich stehen blieb und mit den Hufen zu scharren begann. Dort gruben die Belagerer ein tiefes Loch – und tatsächlich: Wenig später floss ihnen das Wasser entgegen. Schnell leiteten sie das Bächlein um, sodass der Brunnen der Burg Blankenstein versiegte.

Jetzt hieß es nur noch warten. Allzu lange konnte es ja nicht dauern, schließlich war Hochsommer und die Sonne brannte gnadenlos vom Himmel.

Ein paar Tage wurde auf der Burg noch weiter gefeiert, dann gingen die Weinvorräte zu Ende. Statt Saufliedern hörte man nun Flüche und Gekeife. Draußen vor der Burgmauer aber stieg die Stimmung.

Irgendwann öffnete sich das Tor und ein Unterhändler mit einer weißen Fahne kam heraus.

„Hört zu", rief er, „Joost will sich ergeben, aber nur unter der Bedingung, dass seine Frau verschont bleibt!"

Die Belagerer überlegten kurz, dann antworteten sie: „Klar, geht in Ordnung."

„Und sie darf alles mitnehmen, was sie auf drei Gängen aus der Burg heraustragen kann", fuhr der Unterhändler fort.

Wieder besprachen sich die Belagerer: Joosts Frau war ja schon ziemlich alt und gebrechlich, viel konnte sie bestimmt nicht aus der Burg rausschleppen …

„Abgemacht, die Frau darf dreimal gehen!"

Keine zehn Minuten später erschien die Burgherrin auf der Zugbrücke. Sie konnte sich kaum aufrecht halten und stöhnte und ächzte, als trüge sie die Sünden der Welt auf ihrem Rücken. Tatsächlich aber saß da der Raubritter Joost selbst, fett und feist grinsend, und gab seiner Frau die Sporen, als sei sie ein alter Ackergaul.

Die Bauern trauten ihren Augen nicht. „Das gibt's doch nicht! Der hat uns reingelegt, der Sack!" Aber so sehr sie auch schimpften und jammerten, sie hatten versprochen, dass Joosts Frau alles aus der Burg mitnehmen durfte, was sie tragen konnte.

Joosts Frau lud ihren Mann vor der Burg ab, drehte um, ging zurück und erschien kurze Zeit später mit ihrem Sohn auf dem Rücken. Der war übrigens genauso dick wie sein Vater und rief sogar noch frech: „Hü, Mutti, hü!"

Auch den Sohn setze Frau Joost ab, schleppte sich ein letztes Mal in die Burg, um dann mit einer Last zu erscheinen, die noch schwerer und vor allem kostbarer war als ihre beiden Männer zusammen.

„Ich glaub, die spinnt, die schleppt den ganzen Burgschatz raus!", rief einer der Bauern, als sie fast auf allen Vieren, einen riesigen Rucksack geschultert, im Burgtor erschien. Der Rucksack war so voll, dass man ihn gar nicht zuschnüren konnte. Die Belagerer konnten darin Joosts gesammelte Diebesbeute in der Sonne funkeln sehen: Juwelen, Perlen, Gold- und Silbermünzen.

Und so zog der Raubritter Joost mit seiner Familie und seinem Burgschatz triumphierend zur Ruhr hinunter, während seine gefoppten Gegner ihm Flüche und Verwünschungen hinterherriefen. Die Joosts nahm den Weg über die alte Holzbrücke in Richtung Weitmar, wo sie bei Verwandten unterkommen wollten. Doch kaum standen sie zu dritt mit ihrem gesamten Schatz auf der Brücke, begann diese verdächtig zu knarren.

„Halt, wir müssen zurück", rief die Frau, „die Brücke hält uns nicht aus!"

„Auf keinen Fall", antwortete Joost, „sonst überlegen diese Schmarotzer es sich noch anders und nehmen uns doch alles ab!"

Die Holzbalken knackten immer bedrohlicher unter ihren Füßen – und schließlich brach die Brücke unter ihnen zusammen. Laut um Hilfe schreiend stürzten Joost, seine Frau und sein Sohn mitsamt ihrem Besitz in die Ruhr und gingen unter.

Als die Bauern und Kaufleute das sahen, entfuhr auch ihnen ein Schrei des Entsetzens, aber nicht etwa, weil sie

Mitleid mit dem Schurken gehabt hätten, sondern weil der kostbare Burgschatz ebenfalls auf Nimmerwiedersehen im tiefen Wasser versank.

Noch heute, so erzählt man sich, soll in hellen Sommernächten ein Funkeln vom Grund der Ruhr zu sehen sein. In diesen Momenten lässt der Schatz des Raubritters Joost sein Versteck erahnen.

Der letzte Pferdestricker im Emscherbruch

Bernhard Großfeld war der letzte Pferdestricker im Emscherbruch. Pferdestricker nannte man die Männer, die die Wildpferde, die links und rechts der Emscher lebten, mit dem Seil oder Strick einfingen. Das war keine einfache Angelegenheit, sondern harte Arbeit. Die Wildpferde hatten nämlich keine Lust, sich einfangen zu lassen, um dann zum

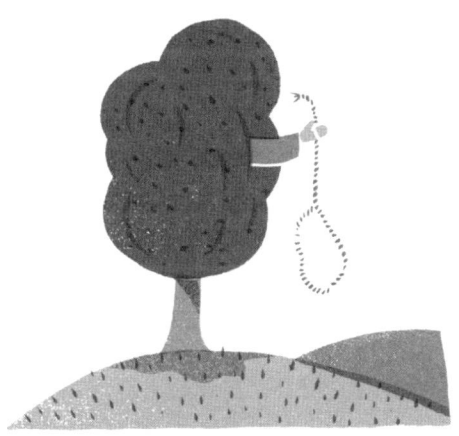

Beispiel als Ackergaul auf dem Feld schwer schuften zu müssen. Deswegen machten sie den Pferdestrickern ihre Arbeit so schwer wie möglich. Nicht umsonst nannte man sie auch „Emscherbrücher Dickköppe".

Jeder Pferdestricker hatte so seine eigenen Tricks und Kniffe. Bernhards Trick war folgender: Er versteckte sich in einer Baumkrone, band sein Seil an einem dicken Ast fest und wartete, bis ein Pferd unter dem Baum stehen blieb. Dann ließ er die Seilschlinge um den Hals des Pferdes fallen. Das Tier bemerkte das natürlich und versuchte wegzurennen, wodurch sich die Schlinge zuzog. Das Pferd kämpfte einen aussichtslosen Kampf, zerrte am Seil, versuchte es zu zerreißen und zu zerbeißen ... Eigentlich hätte der Pferdestricker jetzt nur noch warten müssen, bis das Pferd müde war, aber damit sich das Tier beim Kampf mit dem Seil nicht selbst verletzte, wurde es meist sofort von einigen Helfern überwältigt und in den Stall gebracht.

Eines Tages hatte Bernhard mal wieder unter einem Baum Futter ausgelegt, um die Pferde anzulocken und sich dann in der Krone versteckt. Er wollte gerade das Seil an einem geeigneten Ast festmachen, da trabte auch schon eine Herde auf den Baum zu. Schnell band er den Knoten zu Ende, um dann stocksteif und kaum atmend auf den richtigen Moment zu warten.

Bernhard betrachtete in aller Ruhe die Pferde, die sich über das Futter hermachten und suchte sich das schönste – einen starken Rappen – aus. Er nahm sein Lasso und warf es ihm um den Hals. Die anderen Pferde rannten erschrocken und laut wiehernd nach allen Seiten weg und der Rappe versuchte verzweifelt, die Schlinge abzuschütteln. Da ihm das aber nicht gelang, senkte er seinen Kopf, scharrte mit den Hufen, spannte seine Muskeln an – und rannte los. Bernhard schloss die Augen, denn er wusste, was jetzt gleich passieren musste. Das Pferd würde drei, vier Meter laufen können, bis sich das festgebundene Seil spannte und den Rappen zu Fall brachte. Ein stürzendes Pferd war kein schöner Anblick, deswegen verzichtete Bernhard gerne darauf. Aber statt das unangenehme Geräusch des hinkrachenden Tieres zu hören, spürte Bernhard ein Ziehen am Bauch – und im nächsten Moment flog er durch die Luft und donnerte selbst auf den Boden. Bernhard öffnete die Augen. Der Rappe war noch einmal stehengeblieben, hatte den Kopf gedreht und schaute ihn an – und das Seil um seinen Bauch. Bernhard glaubte eine Art Grinsen im Pferdegesicht zu sehen. Und dann rannte der Gaul wieder los. So schnell er konnte.

Bernhard hatte inzwischen kapiert, was passiert war: In der Hektik und im Äste- und Blätterdurcheinander hatte er das Seil nicht am Baum festgebunden, sondern am eigenen Körper. Und jetzt fegte der Rappe mit ihm als Besen einmal die Wiese durch.

Bernhard überlegte, ob er versuchen sollte, das Seil zu lösen, aber dann wäre das Pferd weg. Und hätte gewonnen. Ehrgeizig wie er war, konnte er das nicht zulassen. Er versuchte sich, wo immer es ging, festzuhalten: an Sträuchern, Bäumen, Büschen und großen Steinen, aber er hatte keine Chance. Die Sträucher, die er zu fassen bekam, riss er mit den Wurzeln aus und die Steine ratschten ihm die Hände auf.

Der Rappe galoppierte durch den Emscherbruch als gelte es, das Kentucky Derby, das berühmteste Pferderennen der Welt, zu gewinnen. Hin und wieder kam Bernhard auf die Beine, stemmte sich mit den Füßen in die Erde und versuchte, das Pferd am Seil nach hinten zu ziehen, aber dann zog der Rappe ihn einfach weiter, als stünde Bernhard auf Skiern – bis er wieder stürzte und im Dreck landete.

Mehrere Stunden wurde Bernhard Großfeld, der berühmte Pferdestricker, so durch den Emscherbruch gezogen. Über Stock und Stein, Strauch und Disteln, durch Pfützen und Schlamm.

Schließlich jedoch wurde der Rappe müde. Bernhard schlang beide Arme um die nächste Erle und ließ nicht mehr los. Das Pferd versuchte ihn noch zwei, dreimal weiterzuziehen, dann blieb es erschöpft stehen. Sein Fell war klitschnass vom Schweiß und aus den Nüstern quoll weißer Schaum.

„So, du verrückter Gaul. Wer hat jetzt gewonnen?", fragte Bernhard schwer atmend. „Du oder ich?"

Der Rappe hob den Kopf und trabte auf Bernhard zu. Als das Tier vor ihm stand, schaute es ihn von oben herab an und wieherte. Es war, als sagte es: „Na, dann kuck mal, wie du aussiehst, du Sieger."

Und wirklich: Wie ein strahlender Held sah Bernhard nicht aus. Seine Kleidung war dreckig und zerfetzt, seine Schuhe waren verschwunden, seine Haare verklebt vom Schlamm und überall hatte er Schürfwunden.

„Ja, ja, schon gut", sagte der Pferdestricker und klopfte dem Tier auf den Hals. „Einigen wir uns auf unentschieden! Aber nur, wenn du mich nach Hause bringst!"

Er streichelte dem Tier die Mähne, krallte sich darin fest und mit letzter Kraft schwang er sich auf den Pferderücken. Der Rappe ließ ihn gewähren. Und so trabten die beiden Emscherbrücher Dickköppe in den Sonnenuntergang ...

Der Zwergenkönig Goldemar auf Burg Hardenstein

Angeblich machen Kinder und Jugendliche heutzutage ja nichts anderes als grausame Zombiefilme kucken und brutale Computerspiele spielen. Und viele Erwachsene sagen, sowas hätte es früher nicht gegeben. Das ist natürlich Quatsch. Zwar schauten die Leute vor dreihundert oder fünfhundert Jahren noch keine Horrorfilme und spielten keine Ballerspiele, weil es damals ja noch keine Filme und Computer gab, aber dafür erzählten sie sich abends am Kamin oder vor dem Bollerofen unglaublich grausame Geschichten. Und wenn die Menschen dann ins Bett gingen und die Kerzen auspusteten, hatte manch einer so schlimme Angst, dass er sich fast in den Schlafanzug machte. Beziehungsweise ins Nachthemd. Schlafanzüge wurden ja erst später erfunden. Eine solche Knieschlottergeschichte ist die vom Zwergenkönig Goldemar. Empfindsamen Seelchen sei empfohlen, sie zu überspringen ...

So und jetzt stellen wir uns vor, es ist dunkel, nur eine Kerze brennt, wir sitzen alle um ein knisterndes Feuer und ein Mann mit tiefer, knarziger Stimme beginnt zu erzählen:

Vor mehr als sechshundert Jahren wohnte auf Burg Hardenstein bei Witten der Zwergenkönig Goldemar. Allerdings war er nicht der Herr der Burg. Das war der Ritter Neveling zu Hardenberg. Nicht lachen! So hießen die Leute damals. Goldemar war seine rechte Hand, sein Glücksbringer, sein Maskottchen. Er saß mit dem Ritter am Tisch und speiste mit ihm, er spielte mit ihm Karten und Würfelspiele, sang ihm Lieder vor und sorgte auf unerklärliche Weise dafür, dass die Weinfässer und die Speisekammern nie leer wurden. Und wenn einmal nervige und schwer bewaffnete Feinde vor der Burg aufzogen, spürte das Goldemar frühzeitig und warnte den Ritter Neveling, sodass dieser alle Vorkehrungen treffen konnte, um die Angreifer zu verjagen.

Nun könnte man meinen, Goldemar sei ein netter Kerl gewesen, aber dem war nicht so: Er war ein fieser kleiner Möpp. Obwohl niemand wusste, ob er wirklich so klein war. Da er sich „Zwergenkönig" nannte, konnte man davon ausgehen, dass er nicht über einen Meter maß, aber niemand hatte ihn je gesehen: Er war nämlich unsichtbar. Goldemar trug eine Tarnkappe und nahm sie nie ab. Nicht beim Schlafen, nicht beim Essen, nicht beim Federballspielen. Nicht einmal beim Duschen.

Saß er am Tisch, hörte man ihn schlürfen und schmatzen und sah zum Beispiel, wie sich eine Hähnchenkeule in die Luft erhob und ein Stück herausgebissen wurde. Gerne langte er auch auf die Teller der anderen und griff sich einfach mal so eine Pastete oder platschte mit seinem Löffel in deren Suppe. Standen die Burgfräuleins beisammen und erzählten vom letzten Wochenende, kniff er ihnen im Vorbeigehen in den Po. Was natürlich eine Unverschämtheit war. Gerne hätten sie ihm dann eine gescheuert, aber erstens sahen sie ihn nicht und zweitens stand er unter dem Schutz des Ritters. Denn der wusste, solange Goldemar auf der Burg wohnte, konnte niemand Hardenstein erobern.

Auf der Burg gab es oft Besuch. So kamen mitunter auch hohe Geistliche vorbei: Bischöfe zum Beispiel. Der Zwergenkönig redete zwar mit allen, aber die Kirchenmänner konnte er nicht leiden. Wie auch immer er dahinterkam: Er kannte alle ihre heimlichen Sünden. Wo sie gelogen und wo sie einen silbernen Löffel geklaut hatten und dass der eine oder andere keine Unterwäsche trug. Und das sagte er ihnen mitten ins Gesicht, in Anwesenheit der anderen Gäste. Die Bischöfe fanden das nicht sehr lustig und verließen mit schamrotem Kopf den Tisch. Am nächsten Tag meckerten sie dann den Ritter Neveling an. Goldemar war ja nicht zu greifen. Aber der Ritter ertrug den Ärger, den der Zwergenkönig machte, mannhaft. Was blieb ihm auch anderes übrig?

Wie bitte? Die Geschichte ist gar nicht gruselig? Seid doch nicht so ungeduldig. Es kommt schon noch ...

Zu dieser Zeit wohnte auch ein Küchenjunge auf Hardenstein, der den Zwergenkönig unbedingt mal sehen wollte. Man munkelte, Goldemar habe Hände, kalt wie ein Fisch und weich wie eine Maus ... Uuaaahhh! Davon wollte sich der Küchenjunge selbst überzeugen. Und er hatte auch einen Plan: Er kannte die schlechte Angewohnheit des Zwergenkönigs, nachts, wenn alle schliefen, in die Burgküche zu schleichen und sich den Wanst noch mal so richtig vollzuhauen. Manchmal schlief er dann vollgefressen auf dem Boden ein und lag auch am nächsten Morgen noch da. Was aber niemand bemerkte, weil er auch da seine Tarnkappe trug. Nur einmal war der Junge beim Betreten der Küche über den unsichtbaren Zwerg gestolpert und hatte sich fast das Bein gebrochen. Deswegen wusste er als einziger Bescheid. Er sagte sich jetzt: „Wenn ich auf den Küchenstufen Erbsen ausstreue, dann rutscht Goldemar aus, fällt hin und verliert seine Tarnkappe. Und dann kann ich ihn sehen!"

Und genauso machte es der Junge. Er verteilte eine große Schale steinharter, getrockneter Erbsen gleichmäßig auf den Stufen, versteckte sich hinter der Küchentür und wartete. Eine Stunde, zwei Stunden. Von Herbede, dem benachbarten Dorf, klang der Glockenschlag zwölfmal herüber. Es war Mitternacht. Plötzlich hörte der Junge ein Geräusch. Ein müdes Schlurfen kam durch den Flur. Knarrend öffnete sich die Tür und …

„Aaahhhh … Verfluchte Katzenkrätze noch mal!", schrie Goldemar, bevor er auf dem Boden aufschlug und dabei sämtliche Töpfe, die auf dem Tisch standen, herunterriss. Seine Tarnkappe flog dabei in hohem Bogen durch die Küche.

Der Küchenjunge zündete hinter der Tür eine Kerze an und trat hervor. Als er den Zwergenkönig sah, musste er schlucken. Goldemar war wirklich ziemlich … mittelhübsch, um es freundlich auszudrücken. Um ehrlich zu sein: Er war so hässlich wie ein Grottenolm oder wie ein Nacktmull.

Goldemar schaute den Jungen erschrocken an. Weil er an dessen Gesichtsausdruck erkannte, dass dieser ihn sehen konnte. Der Zwergenkönig fasste sich an den Kopf und spürte, dass seine Tarnkappe verschwunden war. Dann schaute er an sich herunter, hielt seine Hände hoch und betrachtete sie von allen Seiten.

„Du hast mich gesehen ...", flüsterte er.

„Ja", sagte der Küchenjunge, aber weil ihm jetzt schon nichts Gutes schwante, setzte er hinterher: „Aber ich kann das auch ganz schnell wieder vergessen."

„Das wirst du auch, keine Angst", sagte Goldemar und seine Glubschaugen verengten sich zu Schlitzen. Dann packte er den Jungen blitzschnell am Hals und an den Beinen und riss ihn in der Mitte auseinander. Mit einem großen Messer schnitt er ihn dann in tausend kleine Würfel und briet das Fleisch in einer großen Pfanne.

Dann rief er die Angestellten in die Küche. Er trug inzwischen wieder seine Tarnkappe und fuchtelte mit dem blutigen Messer in der Luft herum. Was die Angestellten sahen, war also nur ein bluttriefendes, tanzendes Messer. Dazu hörten sie Goldemars Stimme, der ihnen erzählte, was passiert war.

„Und nun bringt mir den Jungen aufs Zimmer", sagte er und ging voran.

Und so wurde ihm der Küchenjunge auf seinem Zimmer serviert. Dort ließ er sich den neugierigen Kerl schmecken. In der ganzen Burg war nichts zu hören außer Goldemars Schmatzen. Kein Mensch wagte auch nur einen Ton von sich zu geben, denn alle hatten schreckliche Angst vor dem unheimlichen Treiben.

Neveling von Hardenberg, der Ritter selbst, war es, der am nächsten Morgen seinen ganzen Mut zusammennahm und als erster nach dem Rechten sah. Er stieg hinauf in Goldemars Turmkammer und sah, dass über der Tür etwas geschrieben stand. Der Ritter trat näher und las: „Burg

Hardenstein soll künftig so unglücklich sein, wie sie vormals glücklich gewesen ist, und all ihr Gut soll zerrinnen, solange nicht drei Generationen derer von Hardenberg zugleich am Leben sind!"

Goldemar hatte also einen Fluch ausgesprochen. „Drei Generationen derer von Hardenberg", das hieß, es mussten gleichzeitig Großvater, Vater und Sohn in der Burg zusammen wohnen, sonst würde es den von Hardenbergs schlecht ergehen. Und da dies nicht passierte – entweder starb der Großvater zu früh oder der Sohn wurde zu spät geboren – ging es der Familie von Hardenberg immer schlechter. Sie verarmten, zerstritten sich – und irgendwann starben sie aus. Die Burg zerfiel im Laufe der Jahrhunderte. Heute steht nur noch eine Ruine dort.

Und in der alten Sage heißt es: „Den Zwergenkönig Goldemar hat man seit jener Nacht nie wieder in dieser Gegend gesehen." Na ja, gesehen hatte man ihn vorher ja auch nicht, er hatte ja immer eine Tarnkappe auf, außer das eine Mal, aber egal ...

So, und wenn mir jetzt noch einer erzählt, die Nummer mit dem gebratenen und aufgegessenen Küchenjungen wäre nicht genauso gruselig wie ein Zombiefilm, dann weiß ich auch nicht!

Emscher Neck und Emscher Nixe

Vor vielen, vielen Jahren lebte in einem See im Emscherbruch, irgendwo zwischen Dortmund und Duisburg, ein Neck. Ein Neck ist ein Wassermann oder Wassergeist. Die männliche Form einer Nixe. Oft sind die Necks nicht sonderlich freundlich. Warum die Wassermänner so schlechtgelaunte Typen sind, weiß man nicht. Auf alle Fälle verwenden sie viel Zeit darauf, Menschen zu ärgern und zu quälen.

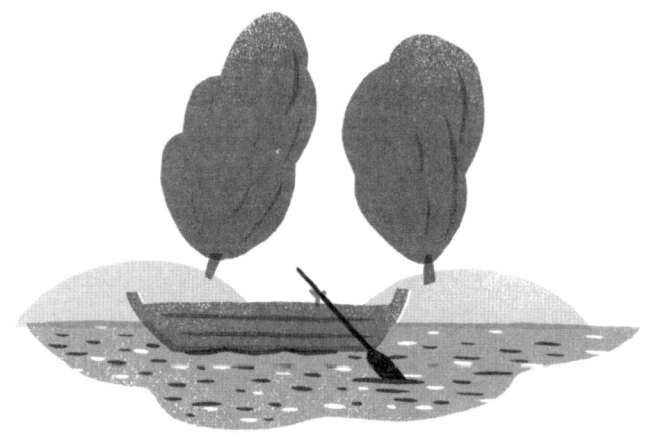

Bei dem Neck in dieser Sage kam verschärfend dazu, dass er nicht grade der hübscheste Vertreter seiner Art war. Um es genauer zu sagen: Er war potthässlich. Er hatte riesige Glubschaugen, als Haare trug er langes grünes Algengestrüpp auf dem Kopf und sein Mund war so groß und breit, dass man prima einen Lastwagen mit Anhänger darin hätte parken können. Nun muss ja niemand, bloß weil er nicht so gut aussieht, gleich ein fieser Möpp sein. Es gibt ja andererseits auch viele bildhübsche Menschen, die hundsgemein oder strohdoof sind. Aber wer weiß, vielleicht war der Neck in der Wassermannschule wegen seines Aussehens von den anderen kleinen Wassermännern gehänselt worden, vielleicht hatte er mal an einem Wassermann-Schönheitswettbewerb teilgenommen und war in der ersten Runde rausgeflogen. Auf alle Fälle war er der mürrischste Kerl, den man sich vorstellen kann. Er hatte nicht einen einzigen Freund. Nicht mal einen Exfreund. Nicht mal einen Brieffreund. So lebte er einsam und muffig in seinem Wasserschloss unter einer Insel im See vor sich hin, und wenn er richtig schlecht drauf war, peitschte er die Wassermassen durcheinander und erzeugte einen Mini-Tsunami, sodass das Wasser schäumend über das Ufer trat und das Land rundherum überflutete.

Wahrscheinlich merkte er selbst, dass er kein besonders angenehmer Zeitgenosse war. Deswegen überlegte er, wie sich seine Laune verbessern ließe. Er dachte: „Wenn ich eine Frau hätte, eine Nixe, die mit mir hier unten leben würde, dann wäre vielleicht alles anders ...“

Aber wie sollte er eine Nixe kennenlernen? Erstens lebte er ja alleine in seinem See und kam selten mal raus, zweitens stehen Nixen dann doch eher auf nette, charmante Wassermänner und nicht auf verbitterte Griesgrame und Stinkstiefel. Das war ihm schon klar. Also dachte er sich einen Zauber aus.

Auf der Insel stand ein Baum mit einem schiefen Stamm, der über den See reichte. Mit einem anderen Baum, der sich vom gegenüberliegenden Ufer über das Wasser beugte, bildete er eine Art natürliches Tor. Und jetzt kommt der

Zauber: Wenn jemals eine Jungfrau in einem Boot unter dem Tor hindurchführe, dann würde sie zur Nixe und müsste fortan mit dem Neck in seinem Schloss unter Wasser leben. So weit, so fies.

Nur kam nie eine Jungfrau vorbei. Wie auch? Der Wald um den See war so dicht und dunkel, dass sich nie irgendjemand hierhin verirrte. Aber für alle Fälle hatte der Neck am Seeufer ein Ruderboot geparkt und verführerisch mit Rosen dekoriert. Und so wartete er jeden Tag aufs Neue auf seine zukünftige Gemahlin.

Er wartete ziemlich lange. Die kleinen frechen Elfen, die auf den Seerosenblättern im See lebten und sich oft über den Neck lustig machten, kicherten jedes Mal, wenn sie sahen, wie der Neck mal wieder träumerisch auf das Boot starrte.

Eines Morgens passierte es schließlich doch: Der Neck lungerte mal wieder am Ufer herum und hielt Ausschau nach Beute, da blitzte plötzlich ein Sonnenstrahl durch die Baumwipfel. Weil es damals noch keine Sonnenbrillen gab, musste der Neck die Augen mit seinen glitschigen Schwimmhäuten bedecken. Als er nach einigen Sekunden die Hand wieder vom Gesicht nahm, sah er, wie sich eine junge Frau dem Rosenboot näherte. Sie trug ein weißes Kleid, hatte lange goldene Locken, wunderhübsche braune Augen und trug große glitzernde Ohrringe. Sie war das schönste Wesen, das der Neck je gesehen hatte.

„Ich fasse es nicht: eine Jungfrau! Los, steig in das Boot!", flüsterte der Neck in den Wind.

Die Jungfrau stand am Ufer und zögerte.

„Du sollst einsteigen!", wiederholte der Neck beschwörend.

Die Schönheit hob den Kopf, als habe sie sein Flüstern gehört. War da was? Verwirrt schaute sie sich um. Sie kratzte sich nachdenklich am Kinn. Minutenlang passierte nichts. Dann, auf einmal, bewegte sich ganz langsam ihr rechter Fuß. Wie bei einer Marionette schien er von einem – in diesem Fall unsichtbaren – Faden in die Luft gezogen zu werden. Die Jungfrau verfolgte den Fuß mit ihren Blicken. Er bewegte sich nach vorne und wurde auf dem Boot abgesetzt.

„Jawoll!", jubelte der Neck.

Die Jungfrau schüttelte ungläubig den Kopf, zog dann aber wie unter Hypnose den anderen Fuß nach und stieg ins Boot. Sie ließ sich auf der Sitzbank nieder und schon setzten sich die Ruder in Bewegung. Verunsichert schaute sich die Jungfrau um. Als das Boot unter dem Baumtor hindurchfuhr, glitt der Neck lautlos ins Wasser. Einen Augenblick später hob sich eine schleimige Hand aus dem See, packte das Boot und rüttelte es so heftig, dass es anfing, gefährlich zu schaukeln.

„Ey, was soll das?", rief die Jungfrau und versuchte sich am Paddel festzuhalten. Das flutschte ihr allerdings unter den Händen weg und verschwand im See. Schließlich wurde das Schaukeln so wild, dass das Boot kenterte und die Jungfrau ins Wasser fiel. Als sie wieder auftauchte, war es dunkel. Sie befand sich unter dem umgedrehten Boot wie unter einer Glocke. Im Dunkeln sah sie die Glubschaugen des Necks leuchten wie große nach außen gewölbte Scheinwerfer.

„Hallo, edle Jungfrau, jetzt gehörst du mir!", hauchte er – und leider roch das, was da aus seinem garagengroßen Mund kam, nicht sehr angenehm. Faulige Luft umwehte die junge Dame.

„Wie bitte?", fragte sie. „Erstens: Was soll das mit der Jungfrau? Das klingt ja bescheuert. Ich heiße Gabi! Aber nur für meine Freunde. Für dich: Gabriele! Zweitens: Putz dir mal die Zähne und drittens: Du kannst mich hier doch nicht einfach so kidnappen!"

„Und wie ich das kann!", blubberte der Neck, den Mund nun halb unter Wasser, was die Geruchsbelästigung etwas verringerte. Sein Mundgeruch war ihm doch ein bisschen peinlich. Ansonsten schien ihm aber sein Benehmen nicht im Geringsten unangenehm zu sein. Und weil er nun mal Zauberkräfte hatte, konnte sich Gabi nicht gegen ihn wehren. Wäre er ein Mensch gewesen und hätte versucht, sie auf der Straße einfach wegzuklauen, dann hätte sie ihm schon klar gemacht, dass das so nicht geht. Sie hatte da kürzlich diesen Selbstverteidigungskurs gemacht und einige sehr schmerzhafte Tritte gelernt ...

Der Neck zog sie unter Wasser in sein Wasserschloss.

„Hier wirst du nun für immer wohnen, als meine Emscher Nixe. Und niemand wird dich befreien können, es sei denn, er kennt das Zauberwort!"

„Wie lautet denn das Zauberwort?", fragte Gabi.

„Seh ich aus, als ob ich blöd bin?", gab der Neck zurück.

„Dazu sage ich jetzt nichts", antwortete Gabi.

„Niemals werde ich das Zauberwort aussprechen. Noch nicht einmal vor mich hin flüstern werde ich es ..."

„Schon klar", sagte Gabi.

Und so wurde Gabi zur Emscher Nixe. Aber, wie man sich denken kann, war sie keine fröhliche Wasserfrau. Schließlich war sie nicht freiwillig im Reich des Necks. Und vor lauter Kummer und Sorgen färbte sich ihr weißes Kleid erst grau und dann schwarz. Sie selbst verlor ihren Glanz und ihre Schönheit und wurde hart wie Stein. So verbrachte sie viele, viele Jahre im Wasserreich des Emscher Neck. Fast leblos.

Und wie versprochen, hütete sich der Neck das Zauberwort auszusprechen, aus Angst, Gabi könnte dann verschwinden. Natürlich besserte sich die Laune des Necks trotz Gabis Anwesenheit nicht sonderlich. Von einer traurigen Nixe, die er nur mit Hilfe eines Zaubers festhalten konnte, hatte er nicht viel. Mit einer zu Stein gewordenen Frau konnte man weder plaudern noch spazierenschwimmen. Und knutschen machte auch keinen Spaß.

So verging die Zeit ...

Doch eines Tages hörte man unter Wasser, im dunklen Reich, ein Rumpeln und Pumpeln, ein Pochen und Krachen, ein Kratzen und Bohren. Gabi erwachte aus ihrem steinernen Dauerschlaf. Woher kamen diese Geräusche? Sie versuchte sich umzusehen, konnte aber nur ihre Augen bewegen. Sie blickte nach unten. Auf dem Grund des Sees sah sie, wie sich die Erde hob und senkte. War da jemand? Sie versuchte zu schreien, doch aus ihrem Mund kam kein Ton. Sie wollte schon aufgeben und wieder in ihren Steinschlaf fallen, da hörte sie durch den Boden, sehr gedämpft, eine menschliche Stimme. Ein Mann rief etwas. Was genau, konnte die Nixe nicht verstehen.

Auf einmal spürte sie, wie ihr Körper zu puckern anfing. Ihr wurde heiß. Es war, als würde Lava durch ihre Adern gepumpt. Sie zitterte und zappelte. Um sie herum bildete sich ein Wasserwirbel. Dann wurde sie nach oben gezogen. Vorbei an erschrockenen Fischen und schockierten Elfen. Sie schoss aus dem See hoch in die Luft und landete weich auf einem Blätterhaufen am Ufer.

Sie blieb einige Minuten liegen, ohne sich zu bewegen oder die Augen zu öffnen. Sie hörte die Vögel zwitschern. Und roch das frische Gras. Dann, ganz langsam klappte sie erst das eine, dann das andere Augenlid hoch: Die Sonne strahlte und von einem Baum aus schaute ein verstörtes Eichhörnchen auf sie herunter.

,Ich fass es nicht: Ich bin wieder oben, auf der Erde!', dachte sie und schaute an sich herunter: Ihr Kleid war wieder weiß, ihre Haare wieder golden und alle ihre Körperteile funktionierten. Tatsächlich: Sie war wieder ein Mensch. Sie lebte wieder! Und in ihrem Kopf hörte sie plötzlich noch einmal den Ruf, den sie eben unter Wasser vernommen hat. Wie ein Echo. Und jetzt verstand sie ihn auch: „GLÜCK AUF!", hallte es in ihrem Schädel nach.

„Glück auf": Das war der alte Gruß der Bergleute, für den es zwei Erklärungen gibt. So wünschten sich die Kumpel damit gegenseitig, dass sich im Bergwerk Erzgänge „auf-taten", das heißt, dass sie auf Erzadern stießen, die sie dann abbauen konnten. Aber vor allem drückten sie damit ihre Hoffnung aus, dass sie glücklich und gesund aus dem Bergwerk wieder herauskamen. Als der Gruß erfunden wurde, fuhren die Bergleute nämlich noch nicht mit Förderkörben oder der Grubenbahn aus dem Stollen aus, sondern kletterten zu Fuß über Leitern „auf-wärts".

Und so gelangte die Emscher Nixe durch einen Bergmann, der sozusagen aus Versehen das Zauberwort ausgesprochen hatte, wieder ans Tageslicht. Wie die Kumpel nach der Schicht.

Der Neck aber saß auf seiner Insel und glotzte mit seinen Glubschaugen herüber.

„Gabi ...", hauchte er in den Wind.

Gabi schaute mit festem Blick zurück. „Für dich immer noch Gabriele!", sagte sie, wischte sich das Laub vom Kleid und ging ihrer Wege.

Der Barbarazweig

An der Ruhr lebte einst ein Bergmann namens Gottlieb Bäumer. Bisher war in seinem Leben alles glatt gelaufen. Kein Grund zur Beschwerde: Er hatte eine Frau, ein Kind und weil er jeden Tag ordentlich Kohle aus dem Stollen holte, hatten sie auch genug zu essen und zu trinken. Sonntags ging er in die Kirche und danach wurde sich amüsiert: Er traf sich mit seinen Freunden im Wirtshaus, trank das eine oder andere Bierchen, kickerte und spielte Karten. Abends holte seine Frau ihn ab, schubste ihn ins Bett und am nächsten Morgen ging er wieder unter Tage.

So machten das die Leute damals.

Doch eines Tages hatte das schöne Leben ein Ende. Plötzlich fand Gottlieb nämlich keine Kohle mehr. Kein einziges

Stückchen. Auch am nächsten Tag fand er nichts. Und weder am übernächsten noch am überübernächsten hatte er Glück, wochenlang stieß seine Hacke nur auf taubes Gestein.

Im Hause Bäumer wurde es eng: Es war Winter und bitterkalt. Sie hatten kaum noch etwas zu essen, der Sohn brauchte dringend neue Stiefel, die Frau einen dicken Mantel – aber es war kein Geld mehr im Portemonnaie.

Selbst am Vormittag des Heiligen Abends ging Gottlieb noch in den Stollen – in der Hoffnung, doch noch etwas Kohle zu finden. Nach Stunden erfolglosen Schuftens stand auf einmal ein Bergmann vor Gottlieb, den er noch nie zuvor gesehen hatte. Aber der Fremde war freundlich, und so klagte ihm Gottlieb sein Leid.

„Hm", sagte der Fremde und kratze sich an seinem Ziegenbart, „ich wüsste da eine Lösung."

„Wirklich?", fragte Gottlieb ungläubig.

„Ich könnte dir helfen ... wenn du mir auch einen Gefallen tust."

„Kein Problem", beeilte sich Gottlieb zu sagen. „Worum geht's?"

„Pass auf", sagte der Fremde und zog seine Mütze vom Kopf. Er lächelte.

Gottlieb sah, dass der vermeintliche Bergmann zwei kleine Hörner auf dem Kopf trug.

„Ach, du lieber Gott!", stöhnte er.

„Wer wird denn so hässliche Wörter in den Mund nehmen?", entgegnete der Fremde.

„Du ... bist der Teufel!", sagte Gottlieb.

„Teufel, Schneufel, Papeufel! Namen sind Schall und Rauch ... Nenn mich einfach Jupp."

„Jupp?"

„Ja, oder meinetwegen Bernd, Frank, Sebastian … is mir
wurscht. Hier ist mein Vorschlag: Ich mach dich zum reichs-
ten Mann im Revier. Du musst nie mehr Not leiden, deine
Familie lebt im Luxus und von unserer Vereinbarung erfährt
niemand etwas!"

„Von welcher Vereinbarung?"

„Nix Großes: Du überschreibst mir für sieben Jahre deine
Seele, nicht mehr, nicht weniger. Keine Zusatzklauseln, keine
automatische Vertragsverlängerung. Wenn das kein Angebot ist, weiß ich auch nicht. Komm, schlag ein!"

Gottlieb zögerte. Der Teufel wollte also seine Seele. Dafür
aber hätte sein Elend endlich ein Ende.

„Sieben Jahre?", fragte Gottlieb.

„Keine Minute länger!", antwortete der Teufel.

Gottlieb atmete tief durch, dachte an seine Frau, an sein
Kind, an den kalten Winter, an sein Loch im Bauch und an
die schönen Sonntagnachmittage in der Kneipe. „Geht klar",
sagte er und reichte dem Teufel die Hand. Der allerdings zog
ein beschriebenes Stück Pergament aus der Tasche.

„Nicht, dass ich dir nicht trauen würde", sagte er, „aber ich
hab hier einen kleinen Vertrag vorbereitet." Und blitzschnell
hatte er Gottlieb mit einem Gänsekiel in den Arm gestochen.

„Aua", schrie der überraschte Bergmann.

„Stell dich nicht so an", sagte der Teufel, „so ein Vertrag
kann nur mit Blut unterschrieben werden!"

Er reichte Gottlieb die blutbeschmierte Feder. Gottlieb rieb
sich den Arm und setzte seine Unterschrift unter den Vertrag, ohne ihn noch einmal richtig gelesen zu haben. Das
sollte sich noch rächen.

„Schön, mit dir Geschäfte zu machen", sagte der Teufel und
lachte.

Der Teufel hielt sich an sein Versprechen. Zumindest an den ersten Teil. Er sorgte dafür, dass Gottlieb wieder auf Kohle stieß. Auf sehr viel Kohle. So viel, dass er sie bald nicht mehr alleine aus dem Stollen holen konnte und sich einen Knappen nehmen musste.

Gottlieb wurde stinkereich. Zuhause füllten sich langsam alle Schränke und Truhen, Kisten und Kästen mit Talern und Golddukaten. Und obwohl er in Saus und Braus lebte, konnte er gar nicht so viel ausgeben, wie er einnahm. Aber ihm war klar, dass er dieses Geld nicht mit ehrlicher Arbeit verdient hatte. So fing er das Saufen an. Um nicht daran denken zu müssen, woher sein Reichtum kam. Und wie er dereinst dafür würde zahlen müssen.

Aber trotz des vielen Geldes und der Trinkerei blieb er ein netter Kerl. Die meiste Zeit zumindest. Er kümmerte sich um Bergleute, denen es nicht so gut ging. Niemand verließ sein Haus, ohne sich satt gegessen zu haben, und wenn jemand Geldsorgen hatte, half ihm Gottlieb aus der Patsche.

Die Jahre gingen ins Land und Gottlieb dachte immer weniger an den Teufel. Manchmal konnte er sich überhaupt nicht mehr daran erinnern, wem er seinen Reichtum zu verdanken hatte.

Doch eines Abends – Gottlieb war mal wieder auf dem Weg vom Wirtshaus nach Hause – stand sein Vertragspartner vor ihm.

„So Freundchen, Feierabend", sagte der Teufel und hielt den mit Blut unterschriebenen Vertrag hoch. „Die sieben Jahre sind um! Deine Seele gehört mir."

„Was is los?", fragte Gottlieb verwirrt. Er kapierte nicht sofort, worum es ging.

„Ich Teufel, du mitkommen!", erklärte der Teufel und wich angewidert zurück. „Was is'n das?" Er schnupperte in die Luft, seine Nase kräuselte sich: „Boah, hast du 'ne Fahne! Du stinkst ja schlimmer als ein Höllenhund von hinten ..."

„Nun mal nicht beleidigend werden, ja!" Gottlieb kuckte sich den Fremden genauer an. „Du ... willst also der Teufel sein? Stimmt, da war doch noch was ..."

Er nahm den Vertrag in die Hand und las laut und etwas stockend vor: „Hiermit ... verpflichte ich, Gottlieb Bäumer, mich dazu ... dem Teufel meine Seele ... in sieben Jahre auf ... EWIG ... zu überlassen?"

Gottlieb machte eine Pause und schaute dem Teufel tief in die funkelnden Augen. „Du hast mich beschissen, oder?"

„Die einen sagen so, die andern sagen so", gab der Teufel zurück.

„Du hast gesagt, du willst meine Seele FÜR sieben Jahre, nicht IN sieben Jahren!", rief Gottlieb.

„Für oder in ... ist das wichtig? Wenn du so ein Pingel bist, solltest du Verträge, die du unterschreibst, besser durchlesen. Also mach dich bereit."

Gottlieb schaute sich noch einmal den Vertrag an. Da fiel ihm etwas auf. „Moment, Moment, jetzt mal schön langsam und der Reihe nach: Heute ist Barbaratag ... der Vertrag läuft aber am Heiligen Abend ab. Das ist erst in drei Wochen. Bis dahin wird sich mit Gottes Hilfe alles klären. Also bis dann!"

Gottlieb drückte dem Teufel das Pergament wieder in die Hand und ging weiter.

„Hey", rief der Teufel dem Bergmann hinterher. „Glaubst du wirklich, dass Gott einem wie dir hilft?"

„Warten wir's ab!", antwortete Gottlieb ohne sich umzudrehen. ‚Mist', dachte er, ‚ich hab zwar keine Ahnung, wie ich aus der Nummer wieder rauskomme, aber jetzt muss ich schleunigst von hier weg. Der Typ ist ja irre.'

Wütend riss der Teufel einen Zweig von einem Kirschbaum, überholte Gottlieb und stellte sich ihm in den Weg. „Wenn Gott dir tatsächlich helfen will, dann lässt er in drei Wochen, wenn ich wiederkomme, diesen dürren Zweig blühen." Er drückte Gottlieb den Zweig in die Hand und lachte höhnisch. „Wenn er das macht, dann gehe ich wieder – ohne deine Seele." Und mit einem Zischen verschwand der Teufel in der Dunkelheit.

„Kann ich das bitte schriftlich haben?", brüllte Gottlieb in die Nacht. Er schaute auf den Kirschbaumzweig. „Ein blühender Zweig. Mitten im Winter. Das klappt doch nie!" Verzweifelt machte er sich auf den Heimweg.

Plötzlich wurde es ganz hell um ihn und vor ihm stand eine wunderschöne Frau in einem weißen Kleid – Gottlieb kam es vor, als ob das ganze Ruhrtal in ihrem Glanz erstrahlte. Die Frau schaute ihn freundlich an und sagte: „Gottlieb, Gottlieb, Gottlieb ... Jetzt sitzt du aber ganz schön in der Patsche. Du hast dich mit dem Teufel eingelassen, und jetzt siehst du, was du davon hast."

„Ja, ich weiß", sagte Gottlieb kleinlaut.

„Weißt du, wer ich bin?", fragte die Frau.

„Nee, ehrlich gesagt nicht", antwortete Gottlieb.

„Schon mal was von der heiligen Barbara gehört? Schutzpatronin der Bergleute. Was aber keiner weiß: Ich hab auch 'n grünen Daumen. Also, jetzt lass uns mal überlegen, wie du da wieder rauskommst. Ich meine, auch wenn du Mist gebaut hast, du bist ja kein schlechter Kerl. Und dass dir die ganze Geschichte leid tut, kann man ja auch sehen. Pass auf: Du nimmst jetzt den Zweig mit nach Hause, stellst ihn in der warmen Stube inne Vase, immer schön kucken, dass genug Wasser drin ist – und dann kriegen wir das schon hin. Alles klar?"

„Alles klar!"

„Dann bis die Tage!", sagte Barbara und weg war sie.

Und Gottlieb tat wie ihm geheißen. Er stellte den Zweig in Wasser und tatsächlich: Nach einigen Tagen begannen die Knospen sich zu öffnen … Am Heiligen Abend nahm er den blühenden Zweig, versteckte ihn unter seinem Mantel und ging zum vereinbarten Treffpunkt.

Der Teufel wartete schon. „Du kommst spät", sagte er. „Was macht die Gärtnerei?" Und dabei zog er wieder das mit Blut unterzeichnete Pergament aus der Tasche.

„Is ja gut", winkte Gottlieb ab, „das kennen wir schon, neu ist das hier."

Er öffnete seinen Mantel und holte den blühenden Zweig hervor. Äußerlich versuchte Gottlieb kühl zu bleiben. Innerlich aber war er so aufgeregt, dass er sich fast in die Hose gemacht hätte.

Der Teufel sah den Zweig und zog zunächst die Augenbrauen hoch. Dann wurden seine Augen schmal und er begann zu schnauben. Aus seinen Ohren trat Rauch. Er griff nach dem Zweig, betrachtete ihn von allen Seiten. Vor Wut stampfte er mit dem Fuß auf den Boden, dass die Funken stoben.

„Du kleine Menschenmade willst mich betrügen", brüllte er in die Dunkelheit, was ziemlich albern war, denn wer hier wirklich wen betrügen wollte, wusste er selbst am besten. Doch er war nicht bereit, die Niederlage hinzunehmen – und packte Gottlieb am Kragen. In diesem Moment hörte man in der Ferne eine Glocke läuten. Und dann noch eine. Und noch eine. Und noch eine ... Alle Glocken in allen Kirchen des Ruhrtals begannen ihr Weihnachtsgeläut. Da konnte der Teufel nicht mehr. Vor so viel Weihnachten kapitulierte das Böse. Er gellte: „Lasst mich doch alle in Ruhe!", und dann löste er sich in Luft auf.

Den Vertrag ließ er zurück: Er hing an einem Haselnussstrauch. Nachdem Gottlieb sich von seinem Schrecken erholt hatte, schaute er sich um, nahm das Blatt vom Strauch und steckte es ein. In der festen Absicht, es zu Hause so schnell wie möglich zu verbrennen. Was er auch tat.

Danach lebte Gottlieb Bäumer übrigens noch viele Jahre zufrieden vor sich hin. Nicht mehr ganz so reich, denn ohne die Hilfe des Teufels gab es keine Extrakohle mehr. Aber es reichte zum Leben. Und für schöne Sonntagnachmittage.

Der Teufel ließ ihn fortan in Ruhe. Aber um sicher zu gehen, stellte Gottlieb an jedem Barbaratag frische Kirschbaumzweige in eine Vase. Man kann ja nie wissen ...

Die Dortmunder Bierprobe

In Dortmund gab es früher viele Brauereien. Wie in den meisten großen Städten. Das lag daran, dass das Bier im Mittelalter fast ein Nahrungsmittel war. Man muss es sich eher wie unser heutiges Malzbier vorstellen, weniger wie ein Pils. Es enthielt meist sehr wenig Alkohol, war dafür aber nahrhaft und keimfrei. „Keimfrei" heißt, es waren keine fiesen, krankmachenden Bakterien drin, anders als damals im Wasser. Wenn man im Mittelalter das Wasser aus verdreckten Brunnen oder irgendwelchen Bächen und Flüssen trank, musste man es vorher immer abkochen, um so die Krankheitserreger zu töten. Das wusste aber kaum jemand und so bekam man vom Wasser trinken oft Bauchweh und musste dann den restlichen Tag auf dem Plumpsklo verbringen. Und das war noch das Harmloseste. Sowas passierte bei Bier nicht, weil die Bakterien während des Brauens vernichtet wurden. Aber grade deswegen musste man die Qualität des Bieres ständig kontrollieren. In Dortmund geschah das folgendermaßen:

Wenn ein neues Bier gebraut wurde, nahmen sich einige Dortmunder Ratsherren einen ganzen Tag frei und gingen gemeinsam zur Brauerei. Dort ließen sie sich einen Krug des Bieres geben und schütteten es auf eine Sitzbank. Nun könnte man meinen, die Herren hätten schon vorher zu viel gepichelt: So mit dem guten Bier rumzusauen! Aber das Ganze hatte natürlich seinen Sinn.

Sie setzten sich auf die bierdurchtränkte Bank und bestellten einen weiteren Krug. Und während die Ratsherren oben den Geschmack des neuen Bieres testeten, konnte das Bier unten beweisen, wie nahrhaft es war. Wenn die Ratsherren nämlich irgendwann aufstanden, dann musste die biernasse Bank an ihren Hintern beziehungsweise Hosen kleben bleiben. Nur dann war es ein gehaltvolles Bier, nicht zu dünn und nicht zu wässrig …

Angeblich musste diese Probe mehrmals wiederholt werden, aber das lag wahrscheinlich nur daran, dass die Ratsherren nicht genug kriegen konnten. Dass der geschnitzte „Unmäßige Trinker" im Chorgestühl der Marienkirche in Dortmund eigentlich „Der hackedichte Ratsherr" heißt, ist jedoch ein Gerücht – das allerdings dringend weiterverbreitet werden sollte …

Der hartherzige Bäcker von Dortmund

Auch diese Geschichte ist nichts für zarte Gemüter. Aber da die Menschen im Ruhrgebiet sie sich seit Jahrhunderten erzählen, darf sie hier nicht fehlen. Das Leben ist nun mal kein Ponyhof. Also, Augen zu und durch:

In Dortmund lebte einst ein reicher Bäcker. Er war ein ziemlich begabter Heuchler. Heuchler sind Leute, die das eine sagen, aber das andere tun. Sonntags ging der Bäcker

in die Kirche und tat schrecklich fromm, mit Beten, Singen und allem übrigen Kirchenpipapo. Aber sein Herz war trotzdem aus Stein. Er hatte mit niemandem Mitleid. Nicht mit den Armen, nicht mit den Kranken und auch nicht mit jemandem, der vor seinen Augen auf der Straße ausrutschte und auf den Kopf fiel. Bei sowas grinste er nur und ging weiter.

Wie man sich schon denken kann, hatte er sein Geld nicht mit ehrlicher Arbeit verdient, sondern mit Tricksereien und Wucher. Wenn das Korn billig war, kaufte er so viel wie möglich davon. Er füllte ganze Scheunen damit – und wenn dann eine Notzeit kam und das Korn knapp wurde, war er irgendwann der Einzige, der noch welches hatte. Er weigerte sich, den anderen Bäckern etwas davon abzugeben. Er selbst backte immer kleinere Brote, die er den Menschen für immer mehr Geld verkaufte.

Mit der Zeit hatte er so viel verdient, dass er sich einen eigenen Geldraum im Keller einrichten musste. Dort lagerte er seine Geldsäcke. Es wurde sein Lieblingsraum. So eine Art Hobbykeller. Manchmal ging er abends hinunter und spielte Geldsackhüpfen: Er sprang pfeifend von Sack zu Sack, und wenn er müde war, kuschelte er sich mit einem kleinen Geldsäckchen im Arm auf eine schmale Liege und schlief ein.

Freunde hatte er keine. Auch mit seiner Familie hatte er keinen Kontakt mehr. Er wollte es nicht. Das fehlte ihm noch: dass irgendwann irgendein komischer Onkel kam und sich Geld von ihm leihen wollte. Sein sauer zusammengerafftes Geld! Nee, nee, da blieb er lieber für sich. In seinem Haus. In seinem Keller. Mit seinen Talern und Dukaten.

Eines Tages klopfte es an seiner Tür. Er war gerade dabei, ein Schläfchen zu machen, und entsprechend genervt über die Störung. Als er solchermaßen übelstgelaunt öffnete, sah er eine abgemagerte Frau in Lumpen vor sich stehen, die ihn um etwas zu essen bat. Es war seine Schwester, die er aber nicht erkannte, weil sie sich so verändert hatte.

„Hier gibt's nix, hau ab!", schimpfte er. „Und wehe, du störst mich noch mal in meiner Mittagsruhe!"

„Aber ...", setzte die Frau an.

„Nix aber!", unterbrach sie der Bäcker. „Sprech ich so undeutlich oder was? Noch mal: Hier gibt es nichts! Du sollst verschwinden! Aber, wenn du's nicht kapieren willst, kann ich es dir auch anders klar machen!" Er drehte sich um und rief: „Zerberus! Fass!"

Aus dem hinteren Zimmer schoss ein Kampfhund, der aussah wie ein dickes wütendes Ferkel, und stürzte sich auf die Frau. Sie schrie, der Bäcker solle seinen Hund zurückrufen, sie sei doch seine Schwester und nannte ihn dabei mit seinem Taufnamen, den sonst fast niemand kannte.

Da rief der Bäcker streng: „Aus, Zerberus!", und der Hund ließ von der Frau ab. Der Bäcker schaute seine Schwester von oben bis unten an. „Mann, siehst du schlecht aus!", sagte er.

„Mein Haus ist abgebrannt, mein Mann und meine Kinder sind an der Pest gestorben und ich hab seit Tagen nichts gegessen", sagte sie mit leiser Stimme. „Bitte schick mich nicht weg. Ich brauch doch nur ein Dach überm Kopf und ein Stück Brot ..."

„Hm", grunzte der Bäcker unwirsch, „warum erzählst du mir das? Was kann ich denn für dein Elend?" Er schaute aus dem Fenster, und nach einer Pause sagte er: „Aber gut, ich bin ja kein Unmensch!" Er zeigte mit dem Finger in den Hof. „Siehst du die Hütte da draußen?"

„Die ... Hundehütte?", fragte die Schwester unsicher.

„Was heißt hier Hundehütte? Ab heute ist das dein neues Zuhause. Komm, schau's dir mal an!" Er führte sie in den Hof. „Da is sogar Stroh drin. Siehst du? Und hier hast du auch was zu essen!" Er griff in einen Sack und reichte ihr ein Stück Brot, das so hart und vertrocknet war, dass man entweder einen Hammer oder das Gebiss eines Bären gebraucht hätte, um es zu zerkleinern. Dann ging der Bäcker wieder in seine Stube. Seine Schwester aber war so schwach, dass sie noch im Hof zusammenbrach. Sie schleppte sich in die Hütte und starb noch in dieser Nacht. Es kümmerte den Bäcker nicht.

Am nächsten Tag brach in Dortmund ein Aufstand aus. Die Menschen waren es leid, zu hungern und zu frieren, während die Reichen in Saus und Braus lebten. Die einen hatten keinen Bissen Brot zu essen, und die anderen stopften sich mit Sahnetorte voll. So stürmten die Armen die Häuser der Reichen und plünderten ihre Speisekammern. Wenn sie Geld fanden, steckten sie es ein, wenn die Reichen sich wehrten, wurden sie verprügelt.

Auch vor dem Haus des geizigen Bäckers versammelte sich eine Gruppe wütender und hungriger Menschen. Der Bäcker verrammelte sofort alle Türen und Fenster, flüchtete in seinen Geldkeller und verbarrikadierte sich dort. Die schwere Eisentür war hinter einem Regal verborgen, sodass sie nicht zu finden war. Schnell noch hatte er sich einen großen Krug Wasser und einen Sack mit kleinen Broten geschnappt. Damit würde er es schon zwei, drei Tage aushalten, bis die Unruhen abgeklungen waren, dachte er.

Es dauerte aber nicht lange, bis die Menschen die Haustür aufgebrochen hatten und ins Haus eindrangen. Der Bäcker saß in seinem Keller und hörte, wie sie die Speisekammer leer räumten. Es donnerte und krachte, Schüsseln fielen zu Boden und zerbrachen. Schließlich fanden die Eindringlinge auch den Wein und betranken sich. Es wurden Lieder gesungen, es wurde getanzt. Und die ganze Zeit saß der Bäcker bibbernd hinter seiner eisernen Kellertür und hoffte, dass dieser unverschämte Mob wieder verschwand.

Irgendwann – von oben war immer noch lautes Feiern zu hören – schlief er ein. Hunger hatte er an diesem Abend vor lauter Angst nicht mehr gehabt. Am nächsten Morgen jedoch knurrte sein Magen. Also nahm er sich eines der kleinen Brote, die er mit in den Keller genommen hatte und biss herzhaft hinein. „Aua!!!!", schrie er und ein abgebrochener Zahn fiel ihm aus dem Mund. „Waff ffoll daff denn?", zischelte er durch die neue Zahnlücke. Das Brot war hart wie Stein, obwohl er es erst am Tag zuvor gebacken hatte. Vielleicht war da ja ein altes dazwischen geraten, dachte sich der Bäcker und griff erneut in den Sack. Doch auch das zweite Brot war härter als ein Ziegel. Ebenso das dritte und vierte. Da nahm er den Krug mit dem Wasser. Wenn er schon nichts essen konnte, wollte er wenigstens seinen Durst stillen. Er setzte den Krug an den Mund und trank. „Uaaaahhh!!!!" Voller Ekel spuckte er eine dickflüssige Suppe auf den Boden. Alles war rot. Das Wasser hatte sich in Blut verwandelt!

Da kapierte der Bäcker auf einmal, was für ein fieser Typ er war. Er dachte an seine Schwester. Er spürte, dass das Steinbrot und das Blutwasser seine Strafe waren. Mit leerem Magen und trockener Kehle bedauerte er seine Gemeinheiten. In einem verzweifelten Gebet versuchte er sich bei allen zu entschuldigen, denen er Unrecht getan hatte.

Nach dem Gebet griff er wieder in den Brotsack, in der Hoffnung, dass er nun seinen Hunger würde stillen können. Aber immer noch war das Brot aus Stein. Und als er zum Krug griff, wusste er eigentlich schon, dass auch diesmal kein Wasser drin sein würde.

Vor lauter Verzweiflung rannte er mit dem Kopf gegen die Wand. Immer und immer wieder. Bis er schließlich ohnmächtig zu Boden sank. Einmal noch wachte er auf, hörte das Toben in seinem Haus und spürte den Hunger in seinem Bauch, dann starb er.

Nach einigen Tagen hatte sich die Lage in der Stadt beruhigt und auch die Eindringlinge hatten das Haus des Bäckers wieder verlassen. Seine Magd wollte ihm die gute Nachricht überbringen und klopfte an die Kellertür. Als sie keine Antwort bekam, ließ sie die Tür aufbrechen. Sie fand ihren Herrn auf seinen Geldsäcken liegend. Tot. Neben ihm, auf dem Boden, das harte Brot, ein halber Zahn und der umgekippte Krug mit der Blutlache, die inzwischen geronnen war ...

Die Esel von Stiepel

Ein Märchen

Jm Dörfchen Stiepel an der Ruhr wurden vor vielen, vielen Jahren drei Esel geboren. Genau in derselben Stunde, aber von drei verschiedenen Eselsmüttern. Zunächst schienen die drei kleinen Eselchen ganz normal zu sein. Eselskinder eben. Sie machten i-ah, tranken die Eselsmilch der Mütter und waren so bockig, wie nur kleine Esel sein können. Und kleine Dackel. Aber das ist ein anderes Thema.

Bald schon zeigte sich aber, dass jeder der drei Esel ein besonderes Talent hatte. Der erste hatte eine Stimme so laut wie ein startendes Flugzeug und wenn er seine Backen aufblähte und pustete, kam ein Sturmwind aus dem Eselsmaul.

Der zweite hatte unglaublich Dampf in den Hufen und konnte schneller laufen als jedes andere Tier in der Gegend. Kein Pferd, kein Jagdhund konnten da mithalten, und hätte es damals schon Autos gegeben, hätte er die auch locker und lächelnd überholt. Der dritte Esel hatte nicht nur einen gesegneten Appetit, mit dem er jedes Wettfressen gewonnen hätte – nein, in seinen Magen passte wirklich alles hinein. Und wenn ich „alles" sage, meine ich auch ALLES. Doch davon später mehr ...

Alle drei hatten sie ein Temperament, wie man es in Stiepel noch nicht erlebt hatte. Sie waren immer bester Laune und tobten dabei so rasant und halsbrecherisch über die Weide, wie es ansonsten nur Wildpferde tun.

Aber leider wussten die Bauern nicht, was sie mit den todesmutigen, artistischen Stunt-Eseln anfangen sollten. Bauern brauchen brave, genügsame Esel, die geduldig im Stall und auf der Weide herumstehen und bei Bedarf eine Karre ziehen, Säcke schleppen und andere schwere Arbeiten verrichten. Dazu waren die drei Superhelden-Esel mit den Hummeln im Hintern leider nicht in der Lage und deswegen schickte man sie fort.

„Tut uns leid, aber ihr seid wirklich zu nix zu gebrauchen. Und durchfüttern können wir euch auch nicht. Vor allem, wenn der da so viel frisst!", sagte einer der Bauern und zeigte auf den Esel mit dem Giganto-Magen.

„Da kann ich doch auch nix für! Ich hab eben immer so'n Hunger", sagte der Esel beleidigt.

„Das macht es aber auch nicht besser. Also, geht auf Wanderschaft und versucht anderswo euer Glück. Hier wird das nix, sorry!"

Und so mussten die Esel Stiepel verlassen, was ihnen sehr schwer fiel. Erst waren sie betrübt, dann wurden sie sauer. Sie beschlossen, den Stiepelern noch mal ordentlich was mitzugeben. Sie stiegen am frühen Morgen, als die Bauern noch schliefen, auf einen Hügel, von dem aus sie auf das Dorf, auf die Ruhr und auf die Burg Blankenstein blicken konnten, und dann tat jeder Esel das, was er am besten konnte: Der erste Esel öffnete sein Maul und brüllte. Unten im Dorf fielen die Leute aus dem Bett, den Kühen wurde die Milch im Euter sauer und eine schwangere Frau bekam vor Schreck Drillinge. Der zweite Esel, der mit dem Dampf in den Hufen, trat mit voller Wucht gegen einen großen Eichenbaum, der augenblicklich wie ein Blümchen umknickte und den Hügel hinabrollte. Dabei riss er alles um, was im Wege stand: Hütten, Scheunen und ein Klohäuschen. Der dritte Esel aber stürzte sich auf eine riesige, frisch gemähte Wiese, auf dem noch das Heu zum Trocknen lag, und fraß alles auf.

Die durch den Schrei des ersten Esels geweckten Bauern standen unten am Hügel und schauten fassungslos zu. Als sie endlich kapierten, was da passierte, wollten sie sich die Esel schnappen – doch die liefen, so schnell sie konnten, davon und verschwanden im Morgennebel.

Als sie an der Ruhr ankamen, sahen sie dort ein randvoll mit Kohlen beladenes Schiff. Das Schiff fuhr aber nicht und der Schiffer stand ratlos am Ufer.

„Probleme?", brüllte der Esel mit der lauten Stimme.

Der Schiffer zuckte zusammen. „Hömma, geht das auch leiser ... Da fliegen einem ja die Ohren weg!"

„Tschuldigung", sagte der Esel.

„Schon okay", antwortete der Schiffer und raufte sich die Haare. „Klar hab ich Probleme. Mein Knecht is mir abgehauen, das Schiff hängt fest ... und ich muss dringend die Kohlen in Duisburg abliefern."

Die Esel schauten sich an und tuschelten. Dann drehte sich der schnelle Esel um und sagte: „Wenn's weiter nichts ist. Pass auf: Wir wollten sowieso die Ruhr hoch zum Rhein laufen. Wir können dein Schiff ziehen!"

„Wirklich?"

„Ja, is kein großes Ding für uns", sagte der Esel mit dem großen Hunger. „Hauptsache, es gibt hinterher ordentlich was zu verkasematuckeln!"

Der Schiffer sprang in die Ruhr, schwamm zum Schiff hinüber, befestigte dort lange Stricke und schwamm dann mit den Enden wieder zurück. Die nahmen die Esel in ihre Mäuler und zogen das Schiff die Ruhr flussabwärts.

Eine Zeitlang ging das auch ganz gut, aber irgendwann schien das Schiff schwerer zu werden. Sie hielten an und betrachteten es von allen Seiten. Da entdeckten sie, dass sich hinten eine Nixe angehängt hatte. Sie lächelte die verwunderten Esel an und fragte: „Na, Jungs, alles klar?"

„Geht so", sagte der schnelle Esel, „außer, dass du uns das Schiff und das Leben schwer machst!"

„Seid mal nicht so uncharmant, so viel wiege ich nun auch nicht!", sagte die Nixe beleidigt.

„Aber genug, um uns ins Schwitzen zu bringen!"

„Och, lasst mir doch den Spaß", sagte die Nixe, „dafür gebe ich euch am Ende auch einen erstklassigen Rat!"

Wieder traten die Esel zusammen und tuschelten. Als sie fertig beraten hatten, sagten sie im Chor: „Is gebongt!"

Und so zogen die Esel das Schiff samt Nixe bis nach Ruhrort, wo die Ruhr in den Rhein mündet und wo der Schiffer glücklich seine Ladung Kohle abliefern konnte. Die Nixe schwamm ans Ufer und sagte: „Danke, Jungs, das war sehr freundlich. Ich bin selten so bequem gereist. So, und jetzt, wie versprochen, mein Rat: Zieht weiter nach Holland. Da gibt's Einiges für euch zu tun. Und ihr werdet sogar ordentlich dafür belohnt werden. Ahoi, die Herren Esel. Man sieht sich!" Und schwupps, war die Nixe ins Wasser geglitten und abgetaucht.

Die Esel konnten sich zwar nicht vorstellen, was die Nixe mit den Aufgaben und der Belohnung meinte, aber da ihnen die Wasserdame sympathisch gewesen war, glaubten sie ihr. Sie liefen also am Rhein entlang, bis sie nach Holland kamen – vorher hatten sie sich natürlich noch vom Schiffer ein leckeres Eselsmahl mit ordentlich Heu, Hafer und Wasser spendieren lassen.

Als sie Holland erreichten, bekamen sie einen Schreck. Dort sah es gar nicht gut aus. Seit vielen Wochen hatte es nicht mehr geregnet und so herrschte eine große Trockenheit im Land. Die Sonne knallte unerbittlich auf die Menschen, Tiere und Felder. Der Boden war so trocken, dass sich schon Risse bildeten. Alle trugen nur noch kurze Hosen und extrem knappe Röcke, manche liefen sogar in Unterwäsche herum, weil es so heiß war wie in einer Sauna.

Kurz vor der Hauptstadt von Holland kam ihnen ein Gärtner entgegen, der verzweifelt vor sich hin murmelte.

„Was is denn los?", fragten die Esel.

„Was los ist? Ich bin der Chef-Tulpengärtner des Königs. Aber bei dieser Hitze machen die Tulpen alle schlapp. Und Tulpen sind doch seine Lieblingsblumen. Wenn mir nicht ganz schnell was einfällt, bin ich meinen Job los. Und wie soll ich dann meine Kinder ernähren? Drei Jungs und zwei Mädchen sind das, und alle haben sie Hunger und brauchen Klamotten, und letzte Woche hat meine Frau noch Zwillinge bekommen, den Hans und den Franz, das sind zusammen sieben …"

„Nun mal langsam. Warum holst du nicht Wasser aus dem Kanal und gießt die Tulpen damit?", fragte der laute Esel.

„Die Kanäle sind alle ausgetrocknet und wenn ich Wasser aus dem Rhein hole, ist es längst verdunstet, bis ich auf dem Tulpenfeld ankomme!"

Und wieder fingen die Esel an zu tuscheln.

Wie bitte? Ihr möchtet gerne mal wissen, was die Esel da tuscheln? Okay, dann hören wir diesmal ausnahmsweise zu. Jetzt mal alle ganz leise …

Der laute Esel: „Wir müssen dringend was unternehmen! Wir können doch nicht zulassen, dass seine Familie nichts mehr zu essen hat!"

Der hungrige Esel: „Nee, das geht auf keinen Fall. Hunger is was ganz Schlimmes!"

Der schnelle Esel: „Okay, ich denke, wenn da einer was machen kann, bin ich das! Ihr könnt ja schon mal weiterziehen. Bis dann!"

Und so zogen die beiden anderen Esel ihres Weges, während der schnelle Esel den Gärtner zu den Tulpenfeldern begleitete.

„Sind die schön!", sagte der Esel als er das erste Tulpenfeld sah. Die Tulpen ließen zwar traurig ihre Köpfe hängen, leuchteten aber immer noch in Rot und Gelb und Weiß und Orange.

„Also, mein Plan ist folgender", sagte der Esel, „du schnallst mir zwei große Bottiche auf den Rücken, dann gehen wir zum Rhein, du füllst die Bottiche mit Wasser, ich renne zurück, gieße die Tulpen …"

„Aber ich hab dir doch schon gesagt, dass das Wasser auf dem Weg verdunstet! Das bringt nichts!", unterbrach ihn der Gärtner.

Der Esel wurde etwas strenger. „So, und jetzt hörste mir mal richtig zu: Erstens machen wir Deckel auf die Bottiche und zweitens bin ich der schnellste Esel an Rhein und Ruhr, wenn nicht sogar das schnellste Huftier der Welt. Das Wasser wird gar keine Zeit haben zu verdunsten. Ich schaff das! Ich renne so lange hin und her, bis wir die Tulpen gerettet haben. Okay?"

Der Gärtner schaute ihn immer noch ungläubig an, sagte aber: „Wenn du das hinkriegst, dann macht dich der König zum reichen Mann ... äh ... zum reichen Esel!"

„Na, dann mal los!", sagte der Esel und scharrte mit den Hufen.

Und er gab sein Bestes: Ab zum Rhein, volltanken, zurück zu den Tulpen, gießen, wieder zum Rhein, neues Wasser holen, Tulpen beglücken, umdrehen – den ganzen Tag rannte er hin und her. Am Ende des Tages hoben die Tulpen ihre Köpfe und zeigten sich wieder in ihrer ganzen Pracht. Der Gärtner war überglücklich. Er stellte einen großen Strauß zusammen und machte sich am nächsten Tag auf den Weg in den Palast. Dort saß der König in Badehose auf seinem Thron, schwitzte und blies Trübsal. Als der Gärtner mit dem Strauß den Thronsaal betrat, traute der König seinen Augen nicht.

„Was ist das denn? Frische Tulpen? Mitten in dieser Affenhitze? Wie hast du das denn gemacht, wo hier doch schon jeder Grashalm verdorrt ist?", fragte er seinen Gärtner.

Und da erzählte der Gärtner ihm von den drei Eseln aus Stiepel, und dass der eine so schnell war wie der Wind und ihm geholfen hatte.

„Na, dann lass ihn mal weiter das Wasser vom Rhein holen. Und wenn die Trockenheit vorbei ist, bring ihn zu mir, dann will ich ihn fürstlich belohnen!"

Das versprach der Gärtner und kehrte zufrieden zu seinen Tulpenfeldern zurück.

Die beiden anderen Esel waren in der Zwischenzeit weitergewandert. Irgendwann kamen sie zu einer großen Windmühle. Der Müller aber saß vor der Mühle, hatte die Mütze übers Gesicht gezogen und schnarchte. Die Esel weckten ihn und fragten, wie denn ein Müller, der sich doch eigentlich um seine Mühle kümmern sollte, mitten am Tag schlafen könne.

„Na, dann kuckt euch mal die Windmühlenflügel an!", sagte der Müller müde.

Die Esel schauten auf die großen, stillstehenden Flügel.

„Seit Wochen weht hier kein Lüftchen mehr", fuhr der Müller fort, „und ohne Wind drehen sich die Flügel nicht. Nicht an dieser Mühle und nicht an den hundert anderen hier in der Gegend. Wenn die Flügel sich nicht drehen, mahlen die Mühlsteine nicht. Wenn die Mühlsteine nicht mahlen, gibt es kein Mehl und ohne Mehl kein Brot ..."

„Kein Brot? Das ist ja furchtbar", sagte der Esel mit dem großen Magen, denn er spürte schon wieder einen kleinen Appetit.

„... und wenn die Menschen kein Brot haben, müssen sie hungern und werden wütend auf den König, dem die Mühlen gehören."

„Und was wäre", fragte der laute Esel, „wenn wir das Problem lösen könnten?"

Der Müller fing an zu lachen. „Entschuldigung, aber wie wollt ihr das denn machen?"

Die Esel schauten sich an. Diesmal mussten sie nicht einmal tuscheln, sondern wussten gleich, was zu tun war.

„Alles klar", sagte der hungrige Esel, „ich denke, hier musst du ran. Ich ziehe dann mal weiter. Ich wünsch dir alles Gute!" Und so blieb der Esel mit der lauten Stimme und dem mächtigen Atem zurück. Und wie versprochen löste er das Problem. Er rannte von Mühle zu Mühle und blies und blies. Die Flügel der Mühlen begannen sich wieder zu drehen und die Mühlsteine begannen wieder zu mahlen. Die Kunde, dass nun endlich wieder Brot gebacken werden konnte, drang bis ins Königsschloss. Der König ließ den Müller zu sich rufen, lobte ihn und fragte, wie er das geschafft habe.

„Leider ist das nicht mein Verdienst", sagte der Müller bescheiden. „Auf einmal standen da diese zwei Esel aus Stiepel vor meiner Mühle. Und der eine hat einen Atem wie ein Orkan. Seit Tagen nun bläst er die Mühlenflügel an ..."

„Das ist ja das Dollste, was ich je gehört habe!", sagte der König beeindruckt. „Lass ihn weitermachen, bis der Wind endlich wieder von allein bläst. Und dann bring mir den Esel, damit ich ihn belohnen kann."

Das versprach der Müller und machte sich auf den Weg zu seinen Mühlen.

Der dritte Esel war inzwischen am Meer angekommen. Am Strand traf er eine Gruppe von Mädchen, die völlig aufgelöst waren. Sie jammerten und zeigten hinaus aufs Meer, wo sich ein hoher Turm aus dem Wasser erhob.

„Was ist denn los? Warum jammert ihr denn so?", fragte der Esel.

Eines der Mädchen stammelte verwirrt: „Dieser Turm da ... der gehört der Tochter des Königs ... der Prinzessin."

„Aha", sagte der Esel, „und weiter?"

„Wir haben mit der Prinzessin hier am Strand gespielt ...", antwortete das erste Mädchen und das zweite Mädchen fuhr fort: „... und auf einmal wurde sie ganz traurig und da hat sie gerufen: ‚Ich kann nicht mehr, mir ist es viel zu heiß hier, hier will ich nicht mehr leben. Ich ziehe mitten ins kühle Meer.'"

Die beiden schauten das dritte Mädchen an und nickten ihr zu. Die sagte mit gekräuselter Stirn: „Ja, und dann ist sie in einen Kahn gesprungen und zum Turm gerudert. Und seitdem sitzt sie da drin."

Das erste Mädchen beendete die Geschichte: „Ja, und nur sie hat einen Schlüssel für den Turm, und sie weigert sich herauszukommen. Hoffentlich hat sie noch was zu essen, hoffentlich tut sie sich nichts an!"

„Verstehe", sagte der Esel nachdenklich, „und was meint der König dazu?"

„Noch weiß er es nicht, aber wenn er es erfährt, gibt's einen Riesenärger! Er wird uns bestrafen, weil wir es zugelassen haben, dass sich seine Tochter in Gefahr bringt!"

Wie auf Kommando sah man in diesem Moment den König mit seinem Gefolge, seinen Dienern, Hofnarren und Hofdamen, hinter den Dünen auftauchen. Eigentlich wollte er sich ein bisschen am Wasser entspannen und mit seiner Tochter spielen. Jetzt, am Strand angekommen, sah er sich verwirrt um. „Kleine Frage: Wo ist die Prinzessin?"

Die Mädchen warfen sich ihm zu Füßen, erzählten die ganze Geschichte und baten um Vergebung. Der König war mehr als sauer, er war außer sich.

„Spinnt ihr? Ich bin doch der König und sie ist die Prinzessin. Man muss doch gut auf die Prinzessin aufpassen ..." und man sah zwei kleine Tränen seine Wangen hinunterlaufen. Eigentlich war es ihm wurscht, ob sie die Prinzessin und er der König war. Vor allem war sie seine Tochter und er machte sich Sorgen um sie, so wie sich jeder Vater Sorgen um seine Tochter macht.

„Los, tut was", brüllte er seine Diener an, „fahrt hinaus und holt sie aus dem Turm, bevor etwas Schreckliches passiert!"

Und die Diener stiegen in die Boote und fuhren hinaus aufs Meer, bis zum Turm. Vom Strand aus konnte man grade noch erkennen, wie die zu Pünktchen geschrumpften Boote immer wieder den Turm umrundeten. Schließlich kehrten sie zurück.

„Und? Wo ist meine Tochter?", fragte der König.

Sein Chefdiener schüttelte den Kopf. „Keine Chance, König. Es ist wirklich ein sehr hoher Turm und man kann die Tür nicht aufbrechen. Oben sind drei Fenster und aus allen drei Fenstern hat die Prinzessin herausgeschaut. Im ersten Fenster stand sie und cremte sich ihr Gesicht ein, im zweiten stand sie und kämmte ihre Haare und aus dem dritten schaute sie heraus und rief: Haut ab ihr Pfeifen, ich bleibe hier, solange ICH will!"

Als der König das hörte, setzte er sich in den Sand und murmelte kaum hörbar: „Jetzt könnte ich einen guten Rat gebrauchen ..."

Der Esel dachte kurz nach und baute sich dann vor dem König auf. „König? Lasst mich rausfahren. Ich hole euch eure Tochter zurück!"

Alle Umherstehenden mussten lachen. Einer der Diener flüsterte: „Der spinnt wohl, der Esel!"

Aber der König hob den Kopf und sprach: „Du bist ein Esel, richtig?"

„Richtig!"

„Lass mich raten, woher du kommst!"

„Ich bitte darum, Majestät!"

„Du kommst aus Stiepel in Westfalen, oder?"

Der Esel nickte. „Jawohl, Majestät!"

Da sprang der König auf und rief: „Gebt dem Esel ein Boot. Und zwei meiner Diener sollen ihn aufs Meer hinausrudern. Wenn es einer schafft, meine Tochter zurückzuholen, dann er! Einer der Esel aus Stiepel hat meine Tulpenfelder gerettet und der andere hält mit seinem Atem die Windmühlen am Laufen – und dieser hier wird mir meine Tochter bringen!"

Und so ließ sich der Esel aufs Meer rudern. Als er am Turm ankam, schaute die Prinzessin aus dem Fenster und rief: „Das gibt es doch nicht. Da schickt mir mein Vater doch wirklich einen Esel, um mich zu holen. Aber ich denke überhaupt nicht daran, den Turm zu verlassen!"

Der Esel aber ließ sich um den Turm herumfahren und trat immer wieder mit seinen Hufen gegen das Gemäuer. Und als die Steine sich gelockert hatten, begann er sie aufzufressen. Er riss sie mit seinen Zähnen aus der Turmwand, zerkaute sie und schluckte sie herunter. Kurz Luft holen, wieder in die Mauer beißen, kauen und schlucken. Luft holen, beißen, kauen, schlucken. Sein gigantischer Magen füllte sich und als er ganz voll war, spuckte er die Steine ins Meer und begann von neuem.

Nach einiger Zeit begann der Turm zu wackeln. Die Königstochter rief: „Stopp!" Sie rannte die Treppe hinunter und schloss die Tür von innen auf. Sie schaute den kauenden Esel an und sagte: „Bevor du den Turm kaputtgefressen hast, er einstürzt und ich elendig im Meer ertrinke, komme ich lieber mit zurück!"

„Kluge Entscheidung!", sagte der Esel und spuckte die Steine, die er grade noch im Mund hatte, über Bord. „Ehrlich gesagt, fand ich dieses fiese Mauerzeug auch nicht wirklich lecker ..." Die Prinzessin stieg in das Boot und ließ sich mit dem Esel zurück zum Strand rudern. Dort angekommen, nahm ihr Vater sie in den Arm und drückte sie, dass sie kurz dachte, er würde sie zerquetschen. Dann aber schaut er er sie streng an und schimpfte: „Sag mal, was sollte das eigentlich? Du hast mir eine Höllenangst gemacht!"

„Ach Papa", antwortete die Prinzessin, „ich konnte diese Hitze einfach nicht mehr ertragen. Allen geht es schlecht, die Felder verdorren, die Mensch leiden Durst und Hunger, das wollte ich nicht mehr mitansehen und da ..."

„He, mein Fächer!", rief plötzlich eine der Hofdamen, denn der Wind hatte ihr ihren großen Fächer aus der Hand gerissen und ließ ihn wie einen Drachen in die Luft steigen. Alle schauten dem Fächer hinterher.

„Wind?", fragte der König verdutzt.

„Wind!", antwortete der Esel und nickte mit seinem Kopf in Richtung Meer. Dort sah man am Horizont Wolken aufziehen. „Sieht nach Regen aus."

„Und ich hab keinen Schirm dabei!", sagte der König.

Alle mussten lachen. Sogar die Prinzessin, die eben noch so traurig gewesen war.

Gut gelaunt zog der König mit seinem Gefolge in die Hauptstadt. Der Esel kam natürlich mit, denn er war der Held des Tages und wurde dementsprechend gefeiert.

Inzwischen hatte es zu regnen begonnen, und ein kühler Wind wehte über das dampfende Land. Der Gärtner des Königs stand auf einem seiner Tulpenfelder, blickte glücklich in den Regenhimmel und rief dem grade wieder vom Rhein zurückkehrenden Esel zu: „He, du kannst aufhören Wasser zu schleppen. Jetzt gehen wir zusammen zum König und du bekommst deinen Lohn!"

Der Müller und der Esel mit der lauten Stimme standen klitschnass vom Regen vor den Windmühlen und freuten sich über den Wind, der die Mühlenflügel der hundert Windmühlen wieder in Bewegung versetzte. Der Müller sagte: „Ich glaube, der König hat noch eine Überraschung für dich! Lass' uns ins die Hauptstadt gehen!"

Die größte Überraschung war allerdings, dass sich die drei Esel aus Stiepel vor dem Thron des Königs wiedertrafen. Sie freuten sich so, dass sich alle Anwesenden die Ohren zuhalten mussten, weil ihnen bei den lauten Iahs der überglücklichen Esel sonst die Trommelfelle geplatzt wären.

„So", sagte der König, „jetzt ist aber mal genug mit der Eselsschreierei! Wenn ich euch nun für eure Verdienste belohne, freut euch bitte leise. Ich möchte nicht, dass ich morgen taub bin. Also: Ihr habt, reden wir nicht drumherum, mein Land gerettet, mit allem Pipapo: Tulpen, Brot und Töchterlein ... Dafür baue ich euch einen königlichen Stall, ihr bekommt Stallburschen, die euch aufs Wort gehorchen müssen, täglich bestes Kraftfutter und dazu gibt es natürlich Auslauf satt: Wiesen bis zum Horizont! Also was sagt ihr?"

Die Esel schauten sich an – und mussten natürlich erst mal wieder tuscheln. Das hatten sie ganz schön vermisst.

„Werte Majestät", sagte der laute Esel dann so leise und bescheiden, wie er konnte, „Holland ist ein schönes Land und wir wissen euer Angebot zu schätzen, aber wir wollen doch lieber wieder nach Hause. Nach Stiepel!"

„Hm", sagte der König, „wie ihr wollt. Wenn ihr Heimweh habt, kann ich das nicht ändern. Ich danke euch trotzdem und ihr sollt wissen, dass ihr hier auch in Zukunft immer willkommen seid!"

Jeder der Esel bekam als Dank noch eine schwere goldene Kette und dann ließ der König sie zum Rhein geleiten. Unterwegs wurden sie überall angesprochen, denn ihr Ruhm hatte sich in Windeseile verbreitet.

Am Rhein trafen sie auf ihren alten Bekannten, den Schiffer.

Er fragte: „Wo wollt ihr denn hin?"

„Nach Hause, nach Stiepel!", riefen die Esel.

„Dann steigt ein, es soll mir eine Ehre sein, euch in die Heimat zu bringen!"

Auch der Schiffer hatte schon von den Taten der Esel in Holland gehört, aber trotzdem mussten sie ihm ihre Abenteuer unterwegs noch einmal haarklein erzählen. Als sie damit durch waren, erzählten sie von den Holländern und ihren Gewohnheiten, vom Käse, den Holzschuhen und von ihren seltsamen fahrenden Häusern ... So kamen sie bei der Burg Blankenstein an und waren immer noch am Schwatzen, Scherzen und Lachen.

„Alles aussteigen!", rief der Schiffer. Die Esel sprangen von Bord, schwammen durch die Ruhr und i-ahten dem Schiffer vom Ufer aus noch ein Lebewohl zu.

Leider aber herrschte in Stiepel seit einiger Zeit Krieg, wovon die Esel in Holland allerdings nichts mitbekommen hatten. Seit Wochen wurde das Dorf von Feinden belagert und die Stiepeler waren kurz davor aufzugeben. Manch einer sagte: „Wären doch nur unsere drei Esel aus Holland wieder hier. Die wüssten, was zu tun ist!" Denn die Heldentaten der Esel hatten sich sogar bis Stiepel herumgesprochen.

Die Esel aber waren durch den Wald den Hügel hinaufgestiegen und entdeckten dort die Feinde. Schnell hatten sie die Situation erfasst. Wütend, wie sie waren, legten sie sofort los, ohne lange zu überlegen. Der laute Esel fing an zu brüllen, als wolle er die Toten aufwecken. Den Belagerern gefror vor lauter Schrecken das Blut in den Adern, sie hatten Angst, der Himmel würde ihnen auf den Kopf fallen. Das Eselsgebrüll brachte die Erde zum Beben und die Bäume zum Wackeln. Aus den Gewehren und Pistolen lösten sich versehentlich Schüsse, was das Chaos und die Panik noch verstärkte.

Währenddessen machte sich der Esel mit dem großen Magen über die Essensvorräte der Soldaten her. Ruckzuck hatte er ratzfatz alles weggefressen. Und schließlich stürmte der Esel mit den kräftigen Hufen mitten unter die Feinde und teilte Tritte und Pferdeküsse ... nein, in diesem Fall ja „Eselsküsse" aus.

„Nix wie weg hier!", brüllte der Kommandeur der Belagerer und innerhalb kürzester Zeit hatten die Feinde das Feld geräumt.

Als die Esel schließlich stolz wie Oskar ins Dorf eintrabten, war der Jubel riesengroß. Augenblicklich wurde ein Siegesfest gefeiert und immer wieder ließ man die Esel hochleben, wozu auch gehörte, dass sie von jeweils fünfzehn starken Stiepelern in die Luft geworfen und wieder aufgefangen wurden. Immer wieder mussten sie erzählen, wie sie Holland gerettet und was sie sonst noch auf ihrer Wanderschaft erlebt hatten.

Dass die Stiepeler die Esel damals selbst weggejagt hatten, wurde an diesem Abend von niemandem erwähnt. Auch die Esel schwiegen darüber. Nur als sie in der Nacht gemeinsam im Stall lagen, kamen sie noch einmal auf das Thema. Natürlich tuschelnd.

Der laute Esel: „Na, mal kucken, wie lange sie uns diesmal aushalten!"

Der schnelle Esel: „Ich kenn die doch, in ein paar Wochen haben sie alles vergessen und sind wieder genervt von uns!"

Der hungrige Esel: „Na und, dann ziehen wir eben wieder los – und retten Frankreich!"

Graf Reck von Volmarstein und die Ruhrnixe

es war ein lauer Herbstabend im ritterlichen Ruhrgebiet. Graf Reck von Volmarstein ritt hundemüde nach Hause. Er hatte an einem Ritterturnier in Hohensyburg teilgenommen, war aber nur Dritter geworden. Pech, aber nicht zu ändern. Man konnte schließlich nicht immer gewinnen. Nun war er also auf dem Weg zur Burg Volmarstein und freute sich auf ein Fußbad, einen Teller Kekse mit Milch und auf sein Bett.

Plötzlich hörte er von irgendwoher Musik. Eine Frau sang bonbonsüße Melodien. Er schaute sich um, konnte aber niemanden entdecken.

„Komisch", dachte er und kniff sich in den Arm, „bin ich schon so müde, dass ich beim Reiten eingeschlafen bin und von singenden Frauen träume?" Er blickte nach oben. „Oder war das vielleicht ein Vogel?"

Aber das einzige Tier am Himmel war eine alte Krähe, die fies vor sich hin krächzte. Er gab seinem Pferd die Sporen. Da ertönte der Gesang aufs Neue. „Brrrrrrr!", rief er und zog entschlossen an den Zügeln. Er stieg ab, parkte den Gaul unter einem Baum und lauschte. Wo kam das bloß her? Jetzt wurde der Gesang auch noch lauter. Und zwischen den Tönen glaubte er plötzlich ein leises Blubbern zu hören.

„Klar, das kommt aus der Ruhr!", rief der Graf seinem Pferd zu, das aber nur gelangweilt zur Seite schaute. Langsam ging er auf das Flussufer zu. Aber kaum war er dort angekommen, verstummte der Gesang. Der Graf schüttelte den Kopf. Grade als er wieder umdrehen und zu seinem Pferd gehen wollte, schoss eine große Fontäne aus der Ruhr und spritzte den Grafen von oben bis unten nass.

„Ey, was soll das denn?", brüllte er wütend. „Jetzt fängt meine Rüstung wieder an zu rosten! Und wer bitteschön putzt mir die dann?"

Statt ihm eine Antwort zu geben, schenkte ihm die Ruhr den schönsten Anblick, den er je gesehen hatte. In den Wellen erschien eine atemberaubend gut aussehende Frau und kämmte sich ihre langen goldenen Haare, die ihr bis über ihre nackten Schultern fielen. Der Graf stand mit offenem Mund am Ufer und konnte sich nicht bewegen.

„Luft holen nicht vergessen!", sagte die Frau.

„Äh ... was?", stammelte der Graf. Wieder kniff er sich in den Arm. Aber da er ja weder schlief noch träumte, konnte er auch nicht aufwachen. Vorsichtig fragte er: „Wer ... bist du? Was machst du hier?"

„Ich bin eine Ruhrnixe!", antwortete die Erscheinung. „Lieber wäre ich zwar 'ne Opernsängerin, aber was willste machen? Man kriegt nich' immer das, was man will. Soll ich dir noch was vorsingen?"

Der Graf nickte und die Nixe begann wieder zu singen. Und jetzt verliebte sich Reck von Volmarstein endgültig. Verliebte Menschen machen ja manchmal Dinge, die sie sonst nie tun würden. Der Graf war da keine Ausnahme, das sollte sich schon im nächsten Moment zeigen. Nachdem die Nixe ihr Lied beendet hatte, hörte er sich fragen: „Willst du mich heiraten?"

„Wie bitte?" Die Nixe war verdutzt. „Hömma, du bist aber von der ganzen schnellen Sorte!" Sie schaute sich den Grafen noch mal von oben bis unten an. Der sah gar nicht übel aus, dieser Mensch. Dann dachte sie an den glibberigen, unmusikalischen Wassermann, der seit Jahren hinter ihr her war. „Warum eigentlich nicht? Du musst mir nur versprechen, mir nie das Singen zu verbieten."

„Niemals!", versicherte der Graf und reichte ihr die Hand. Und so wurden sie zu Mann und Frau. Oder zu Mann und Nixe. Sechs Tage musste das Liebespaar unter Wasser verbringen und anschließend einen Tag an Land, dann war die Hochzeit nach den Gesetzen der Wasserwesen gültig. Für den Grafen war es gar nicht so einfach, so lange unter Wasser zu bleiben, aber seine Nixe zeigte ihm die geheimen Nixentricks: Wie man nach Nixenart atmet und wie man verhinderte, dass die Haut schrumpelig wird.

Nach einigen Wochen im und am Wasser wollte der Graf mal wieder seine Familie besuchen. Seine Nixenfrau blieb

Zuhause, weil sie immer nur einen Tag an Land verbringen konnte. Der Graf aber hatte vor, mindestens eine Woche Urlaub auf Burg Volmarstein machen. Außerdem plante er noch, auf einer anderen Burg an einem Ritterturnier teilzunehmen, in Anwesenheit des Königs. Dort konnte er auch endlich mal wieder seine glänzende Rüstung tragen. Das ging ja im Wasser nicht. Die rostete ihm dort ja sofort durch. Und diesmal, da war er sich sicher, würde er beim Turnier nicht nur Dritter werden. Die Nixe hatte ihm nämlich ein silberfarbenes Fähnchen geschenkt, das ihm Zauberkräfte verlieh.

Als er beim Turnier mit seinem Nixen-Fähnchen am Helm erschien, wurde er erstmal ausgelacht, aber nachdem er den vierten Ritter wie nebenbei aus dem Sattel gehebelt hatte, lachte niemand mehr. Und bei jedem Ritter, den er lässig in den Staub schickte, dachte der Graf an seine Nixe. Und jedes Mal berührte er ein goldenes Kettchen, dass sie ihm zum Abschied um das Handgelenk gelegt hatte. Was er allerdings nicht wusste, war, dass dieses Kettchen ebenfalls Zauberkräfte besaß. Es sollte den Grafen an die Nixe fesseln. Im letzten Kampf aber zerriss die Kette und fiel zu Boden. Der Graf hatte davon nichts bemerkt. Sofort löste sich der Zauber und augenblicklich vergaß der Graf die Nixe. Jegliche Erinnerung an sie erlosch.

Der Sieger des Turniers bekam von der Königstochter eine Siegerurkunde und eine Medaille verliehen. Als die Prinzessin dem Grafen Reck von Volmarstein die Medaille umhängen wollte, schauten sich die beiden direkt in die Pupillen.

„Hallo, schöner Ritter", hauchte die Prinzessin.

„Äh … hallo …", stotterte der Graf verwirrt.

Und augenblicklich verknallten sie sich ineinander.

Der König, der daneben stand, sah das natürlich und dachte: ‚Och nö, nicht schon wieder!‘ Na ja, aber immer noch besser als dieser schrecklich falsch singende Minnesänger, in den sie zuletzt verschossen war. Der hier ist immerhin Graf und seine Familie hat eine Burg.‘

Eigentlich rechnete er aber damit, dass sich seine Tochter in der nächsten Woche wieder in jemand anderen verknallen würde. Aber das passierte nicht. Und so wurde nach einiger Zeit die Hochzeit geplant. An seine Ruhrnixe dachte der Graf nie wieder.

Als die Nixe von der bevorstehenden Hochzeit hörte, wurde sie sehr wütend. „Der hatse wohl nicht mehr alle!“, brüllte sie die Fische in der Ruhr an. „Der glaubt doch nicht, dass er damit durchkommt!“

Und so zog sie sich am Tag der Hochzeit ihr schönstes goldschimmerndes Kleid an, füllte eine kleine Kristallflasche mit Ruhrwasser und machte sich auf den Weg in die Kirche. Als sie dort ankam, war die Kirchentür schon geschlossen und die Zeremonie in vollem Gange. Die Nixe drückte ihr Ohr an die Tür und lauschte. Grade fragte der Pfarrer: „Willst du, Reck von Volmarstein, diese Prinzessin zu deiner angetrauten Frau nehmen, dann antworte bitte mit ‚Ja‘!“

Doch bevor der Graf das tun konnte, stieß die Nixe die Tür auf. Die Hochzeitsgäste drehten sich um und starrten sie an. Niemand wusste, wer diese wunderschöne stinkwütende Frau war, nur dem Grafen fiel bei ihrem Anblick urplötzlich wieder ein, dass er ja schon verheiratet war. Doch bevor er irgendetwas sagen oder auch nur beschämt lächeln konnte, zischte die Nixe einen Zauberspruch, zog das Fläschchen mit dem Ruhrwasser aus ihrem Kleid und goss das Wasser aus. Sobald der erste Tropfen den Boden berührte, entstand eine

Flutwelle, die im nächsten Augenblick das ganze Kirchenschiff unter Wasser setzte. Die Gäste und die Kirchenbänke wurden durcheinander gewirbelt, alle versuchten sich irgendwo festzuhalten. Und die Nixe goss immer mehr Wasser aus der Flasche. Es war, als befände sich die ganze Ruhr in dem Gefäß. Das Wasser stieg und stieg und stieg. Es durchbrach sogar die schwere hölzerne Tür zur Sakristei. Der Pfarrer hatte sich auf die Kanzel gerettet, die Braut war auf ein hohes Kreuz geklettert, nur der Bräutigam war nirgends zu sehen. Da hörte die Nixe auf zu gießen und verschloss die Flasche wieder. Sie dreht sich um und verschwand.

Als das Wasser abgeflossen war, war es ganz ruhig in der Kirche. Jetzt sah man den Bräutigam. Er lag vor dem Altar. Ertrunken. Die Hochzeitsgäste, der Pfarrer und die Prinzessin standen durchnässt und frierend um ihn herum und hatten nicht die geringste Ahnung, was da eigentlich passiert war ...

Bruder Guardian und die Chorstühle in St. Agnes zu Hamm

einst lebte im Franziskanerkloster von Hamm der Bruder Guardian. Seine Aufgabe als Mönch war es, bei den Bürgern und Bauern Spenden für das Kloster zu sammeln. Von manchen wurde er auch „Bruder Lustig" genannt. Das hing damit zusammen, dass er eine unglaublich laute und

durchdringende Lache hatte – so laut und durchdringend, dass die Hühner im Hof des Klosters vor Schreck ein zweites Ei legten, wenn sie ihn hörten. Ein Huhn war sogar schon mal in Ohnmacht gefallen und musste Mund zu Schnabel beatmet werden. Außerdem hatte Bruder Lustig einen Hang zum Quatsch machen und Quatsch reden. Vor allem wenn es darum ging, den Leuten das Geld aus dem Portemonnaie zu ziehen. Denn wie die Menschen nun mal so sind, spenden sie nicht immer freiwillig. Bruder Lustig half dann oft mit einem kleinen Witzchen nach. Oder auch mit fünfen. Das Lachen öffnete die Geldbeutel. Es gab ja sonst nicht viel, über das man sich amüsieren konnte.

Deswegen freuten sich die meisten Leute, wenn sie Bruder Guardian begegneten. Nur die beinharten Geizhälse gingen ihm aus dem Weg. Aus Angst, er könnte ihnen doch etwas von ihrem Besitz abluchsen. Zu diesen Oberknausern gehörte auch der Besitzer von Haus Heessen, der auch Graf von Heessen genannt wurde, obwohl er eigentlich gar kein richtiger Graf war. Aber das spielt hier keine Rolle.

Als Bruder Guardian einmal im Dorf Heessen Spenden sammelte, ging er am Schloss vorbei und begegnete jenem Grafen, der grade mit einigen Jägern und Hunden zur Jagd gehen wollte. Normalerweise flüchtete sich der Graf ins Schloss und verbarrikadierte das Tor, wenn er Bruder Guardian auch nur von weitem sah. Diesmal hatte er ihn leider zu spät bemerkt.

„Och nö, nicht schon wieder du!", stöhnte der Graf.

„Gott zum Gruße", sagte Bruder Guardian grinsend.

„Damit eins klar ist: Von mir kriegst du heute nichts!", entgegnete der Graf.

„Moment!", sagte Bruder Guardian und fasste sich mit der einen Hand an den Kopf, die andere hielt er ausgestreckt gen Himmel. „Ich empfange grade eine Botschaft von Gott!"

Der Graf schaute einen seiner Jäger an und rollte mit den Augen. „Jetzt geht das wieder los ..."

„Doch, doch", sagte Bruder Guardian. „Ich höre es ganz genau ... Gott sagt, er hätte da oben im Himmel noch einen Platz frei, ein kleines Polstersesselchen, mit kariertem Bezug, da wäre sogar eine Plakette dran, mit deinem Namen.

Allerdings könne er den Platz für dich nur freihalten, wenn du in Zukunft etwas großzügiger bist."

„Ach was", sagte der Graf.

„Also, wie wäre es mit einer kleinen Spende für unsere Klosterkirche?", fragte Bruder Guardian lächelnd.

„Ich hab dir doch gesagt, du kriegst von mir nichts!"

„Gar nichts?"

„Gar nichts!"

„Hm ... Nicht eine klitzekleine Spende für dein Seelenheil?"

„Jetzt hör endlich auf!", brüllte der Graf. „Wenn du Geld willst, geh arbeiten!"

„Aber das ist meine Arbeit. Ich bin ein Bettelmönch", sagte Bruder Guardian stolz.

Der Graf ahnte, dass dieses Gespräch noch Stunden so weitergehen würde, wenn er nichts unternahm. Er schüttelte genervt den Kopf. Da hatte er auf einmal eine Idee.

„Pass auf", sagte er. „Ich bin grade auf dem Weg in den Wald. Komm doch mit auf die Jagd. Oder kannst du nicht schießen?"

„Nun ja ...", sagte der überraschte Mönch. Damit hatte er nicht gerechnet.

„Ich verspreche dir, alles was du triffst, gehört dem Kloster", sagte der Graf und drückte Bruder Lustig ein Gewehr in die Hand. Der Graf zog die Augenbrauen hoch. „Nun?"

Er war sich sicher, dass der Mönch noch nie auf die Jagd gegangen war und es ablehnen würde. Bruder Lustig schaute auf die Waffe in seiner Hand, kniff nachdenklich die Augen zusammen und sagte: „In Ordnung! Alles, was ich treffe gehört dem Kloster?"

Der Graf nickte. „Alles!"

Und so zog die Jagdgesellschaft in den Wald. Auf dem Weg fragte Bruder Guardian: „Eine Sache noch: Bei diesem Gewehr hier, wo füllt man da die Kugeln nach?"

Der Graf und seine Jäger schauten sich an und lachten laut los.

Als sie im Wald angekommen waren, erklärte einer der Jäger dem Mönch, wie so ein Gewehr funktionierte.

„Vielen Dank", sagte dieser, „dann gehe ich jetzt mal schießen. Bis gleich."

Und so zog er los in Richtung der alten Eichen. Kaum war er außer Sichtweite, hörte man auch schon Schüsse krachen.

„Hoffentlich erschießt sich der Trottel nicht selbst", sagte der Graf.

Nach einer kurzen Ladepause knallte es erneut. Und so ging es zehn Minuten lang: Schüsse, Pause, Schüsse. Schließlich sagte der Graf: „Kommt, lasst uns nachschauen, was der da treibt."

Als sie bei Bruder Guardian ankamen, stand er zwischen den Bäumen und hatte grade wieder das Gewehr angelegt. Da der Graf nirgendwo ein Tier entdeckte, fragte er: „Auf was zielst du, Mönch?"

„Auf diese dicke Eiche dort drüben", antwortete Bruder Guardian und schoss. „Getroffen!"

„Warum schießt du auf eine Eiche?", fragte der Graf verwirrt.

„Ich hab nicht nur auf diesen Baum geschossen. Auch auf all die anderen hier!"

Bruder Guardian zeigte dem Graf die großen Einschusslöcher an allen Bäumen ringsum. „Du hast doch gesagt, dass alles, was ich treffe, dem Kloster gehört, oder?"

„Ja, ja, doch ...", stammelte der Graf.

„Na also, alle diese Eichen gehören mir", sagte Bruder Guardian, gab dem Grafen das Gewehr zurück und machte sich gut gelaunt auf den Weg ins Kloster, ein paar Hühner erschrecken.

Und obwohl der Graf ziemlich sauer war – vor Wut trat er gegen eine der angeschossenen Eichen und brach sich den Fuß – hielt er sein Versprechen: Das Kloster bekam die Bäume. Aus diesen ließen die Mönche dann die Chorstühle für die St. Agneskirche in Hamm bauen.

Zum Jagen wurde der Bruder Guardian übrigens nie wieder eingeladen. Weder vom Grafen von Heessen, noch von irgendjemand anderem.

Der Werwolf
am Bahnwärterhäuschen

Das Wort „Werwolf" kommt aus dem Germanischen:
„Wer" heißt „Mann" und „Wolf" heißt ... na ja, klar, was
sonst: „Wolf". „Werwolf" bedeutet also „Mannwolf" oder
„Menschwolf". Die meisten Leute kennen Werwölfe nur aus
Gruselfilmen. In diesen Filmen verwandeln sich Menschen
bei Vollmond in Wölfe, und das sieht dann meistens so aus:
Erst wächst ihnen ein schlimmer ungepflegter Vollbart,
dann ist ruckzuck auch der Rest des Gesichtes mit zotteli-
gen Haaren bedeckt und innerhalb von wenigen Minuten
breitet sich das Fell auf dem ganzen Körper aus. Aus Händen und Füßen werden krallige Pfoten und aus kariösen

Menschenzähnen ein gefährliches, weiß blitzendes Raubtiergebiss. In den Filmen fallen die Werwölfe dann wahllos Spaziergänger an und machen furchtbare Dinge mit ihnen. Auffressen und so. Naja, sind ja auch Gruselfilme. Was will man da erwarten?

In den alten Werwolfsagen aus dem Ruhrgebiet sind die Werwölfe zwar keine Schoßhündchen oder Kuscheltiere, aber ganz so schlimm wie die Filmwölfe scheinen sie nicht gewesen zu sein. Auch hier verwandelten sich Menschen in Wölfe und versuchten andere Menschen zu erschrecken, aber meist lief das folgendermaßen ab: Der Werwolf wartete in einem Busch oder hinter einem Baum auf sein Opfer, sprang ihm auf den Rücken und krallte sich fest, bis der Überraschte dann irgendwann vor Erschöpfung zusammenbrach. Dann verdufteten die Wölfe wieder. Hin und wieder kam es auch mal vor, dass jemand vor Schreck starb, aber das war dann wohl eher ein Versehen. Was dieses Auf-den-Rücken-Springen nun genau sollte, wird in den Sagen nicht erzählt. Der Job eines Werwolfs war es anscheinend, Leute anzuspringen und zu erschrecken. So wie es der Job eines Vampirs war, im Sarg zu liegen, nach Muff zu riechen und Blut zu saugen, oder der einer Kuh, Gras zu fressen und „Muh" zu machen. Versteh' einer die Welt …

Hier soll nun die Geschichte vom Werwolf am Bahnwärterhäuschen von Schmachtendorf erzählt werden. Schmachtendorf ist heute ein Stadtteil von Oberhausen, war aber früher ein eigenes Dorf. Als 1856 die Eisenbahnstrecke von Oberhausen nach Arnheim in Holland in Betrieb genommen wurde, führte sie auch an Schmachtendorf vorbei. Da, wo die Gleise die „Hühnerstraße" kreuzten, wurde ein Bahnwärterhäuschen errichtet. Den ganzen Tag und die ganze

Nacht musste darin ein Bahnwärter sitzen und aufpassen. Immer wenn ein Zug kam, ließ er die Schranke herunter, damit niemand aus Versehen plattgefahren wurde. Das war eigentlich ein ziemlich leichter Job, wenn man nicht grade einschlief. Viel leichter als die Arbeit als Knecht auf einem Bauernhof oder in der Eisenhütte. Und deswegen waren die Stellen als Bahnwärter sehr begehrt.

Nur den Job in Schmachtendorf wollte so recht keiner haben. Zwei Bahnwärter hatten ihn schon hingeschmissen, weil sich dort angeblich bei Mitternacht ein Werwolf herumtriebe.

Als sich Hermann, der Held unserer Geschichte, bei der Eisenbahngesellschaft bewarb und der Beamte den Werwolf erwähnte, sagte Hermann etwas mutiger, als er in Wirklichkeit war: „Werwolf? Der soll mal ruhig kommen, dann gibt's was auffe Glocke und Ruhe is!", was soviel hieß, dass er dem Wolf ordentlich eine ballern wollte.

Der Bahnbeamte war beeindruckt: „Na, das klingt doch nicht schlecht. Ich muss gestehen, wir haben zwar noch einen anderen Bewerber, aber sie scheinen mir doch der Richtige zu sein!"

Und so bekam Hermann die Stelle. Sicherheitshalber wollte er in der ersten Nacht aber doch ein paar Kumpel mitnehmen, die ihm zu Seite standen, wenn er dem Werwolf klar machte, wer hier der Chef war. Als er die Freunde allerdings fragte, sah er in entsetzte Gesichter: „Schmachtendorf? Bist du irre? Nie im Leben!", antwortete einer der Freunde. „Ich glaube, es hackt!", zischte ein anderer. „Ich bin doch kein Hundefutter!" Aber schließlich konnte er sie doch überzeugen, nicht zuletzt, indem er ihnen einen Kasten Bier und einen leckeren Mitternachtsimbiss versprach. Nur einer drückte sich mit der Ausrede, er habe eine „Wolfshaar-Allergie". Naja, es gibt eben solche und solche Freunde ...

Und so zog Hermann mit sechs Kumpel ins Bahnwärter-häuschen. Die Abmachung war folgende: Wenn sich der Werwolf bis ein Uhr, also bis zum Ende der Geisterstunde, noch nicht gezeigt hatte, durften seine Freunde wieder nach Hause.

Und so saßen sie da, tranken, aßen Schnittchen und warteten. Und wie es oft so ist, wenn man auf etwas wartet – es dauert und dauert und am Ende passiert nichts.

Als der Werwolf bis ein Uhr noch nicht mal in der Ferne geheult hatte, geschweige denn aufgetaucht war, sagte einer von Hermanns Freunden: „So, Feierabend! Vielen Dank für Speis und Trank! Ich geh dann ma'!" Er stand auf und die anderen folgten ihm.

Hermann brachte sie noch vor die Tür, bedankte sich für ihre Hilfe und winkte ihnen hinterher. Ein bisschen mulmig war ihm dabei schon.

Und tatsächlich: Kaum waren die Freunde außer Sicht-weite, hörte er hinter sich ein Knurren. Er drehte sich um und sah den Werwolf, der grade zum Sprung ansetzte. Geistesgegenwärtig machte er einen Schritt zur Seite und der Werwolf, der ihm auf den Rücken springen wollte, landete im Dreck. Wäre Hermann nicht so panisch gewesen, hätte er gehört, wie der Wolf „Aua, mein Knie!" fluchte.

Aber Hermann war – nix wie weg – ins Häuschen gerannt, um sein Gewehr zu holen. Als er jedoch die bereitgelegte Patrone greifen wollte, war sie verschwunden. In diesem Moment stand der Wolf aber schon in der Tür und funkelte ihn wütend an. Hermann schaute sich um: Womit konnte er sich wehren? Er sah den großen Schraubenschlüssel an der

Wand. Und als der Wolf im nächsten Augenblick heulend und jaulend auf ihn zu rannte, schnappte sich Hermann das eiserne Werkzeug und gab dem unheimlichen Tier damit einen Schlag auf die Schnauze.

„Aaaah", brüllte der Werwolf, „bist du bekloppt?"

„Wart ma' ab, das war erst der Anfang, jetzt wirste richtig abgeschwartet!", brüllte Hermann und verpasste ihm noch einen Schraubenschlüsselschwinger.

„Hör doch auf, Hermann!", jammerte der Wolf.

Hermann stutzte. „Woher kennst du meinen Namen?"

Der Wolf setzte den Kopf ab und zog sich das Fell von den Schultern. Darunter kam ein Mensch zum Vorschein.

„Mann, ich bin's doch, dein Freund Wilhelm!", sagte der falsche Werwolf.

„Hä? Watt soll datt denn?" Hermann konnte es immer noch nicht ganz glauben. Er fasste Wilhelm ins Gesicht. Es war ja etwas duster im Bahnwärterhäuschen. Tatsächlich, das war sein alter Kumpel Wilhelm, der mit der dicken Nase, die jetzt noch dicker war, weil er ihm mit dem Schraubenschlüssel draufgehauen hatte. Und genau dieser Wilhelm hatte heute Nacht nicht mitkommen wollen, wegen seiner angeblichen „Wolfshaar-Allergie".

„Ich wollte dich doch nur erschrecken", sagte Wilhelm, „da musste mich doch nicht gleich auf'n Kopp hauen!"

„Und warum, bitteschön, wolltest du mich erschrecken?", fragte Hermann.

„Du weißt doch, wie's is: Wir haben schon wieder'n Kind gekriegt und ich hab keine Arbeit und kein Geld. Da habe ich mich eben auch auf diesen Job hier beworben. Dann hieß es aber: Nee, da wäre so ein anderer Typ, so'n Hermann, der hätte keine Angst vor Werwölfen ..."

„Du hast dich hier als Bahnwärter beworben?", wunderte sich Hermann.

„Klar, und da dachte ich, wenn ich den Hermann ma 'n bisschen erschrecke, dann haut der in den Sack und ich krieg den Job. War 'ne bescheuerte Idee, ich weiß." Hermann schüttelte den Kopf. „Das kannze aber laut sagen!" Und dann schauten die beiden sich an und mussten lachen.

„Willste 'n Schnittchen?", fragte Hermann und hielt Wilhelm den Teller mit den übrig gebliebenen Mettwurstbroten hin. „Gürkchen sind leider alle!"

Wilhelm griff zu und auch Hermann nahm noch ein Brot. Und dann beschlossen sie, sich den Job zu teilen. Der eine machte die Tagschicht, der andere die Nachtschicht. Dann bestand auch keine Gefahr, dass man vor Übermüdung einschlief und vergaß, die Schranke herunterzulassen.

Den Rest der Nacht erzählten sie sich übrigens Gruselgeschichten, bis zum Morgengrauen: von Werwölfen, Spukschlössern, Vampiren und kopflosen Gräfinnen ...

Die Geschichte von Hermann, Wilhelm und dem Werwolf wurde in der ganzen Gegend schnell bekannt. Und danach hat dort nie wieder jemand einen Werwolf gesehen. Wahrscheinlich hatten die Horrorwölfe Angst, von da an nicht mehr ernstgenommen oder gar ausgelacht zu werden. Vielleicht wanderten sie deswegen auch alle nach Amerika aus und gingen zum Film, wo sie wenigstens wieder richtig gruselig sein durften. Kann doch sein ...

Die Teufelssäule von Essen

Bevor es die Stadt Essen gab, gab es das „Stift" Essen. So ein „Stift" ist nichts zum Schreiben, sondern ein Kloster. In diesem Fall: Ein Kloster für Frauen, also für Nonnen. Die Chefin eines Nonnenklosters nennt man Äbtissin. Eine der Äbtissinnen des Stiftes Essen hieß Ida und von ihr han-

delt diese Sage. Manche behaupten auch, dass ihre Nachfolgerin Mathilde die Heldin der Sage ist. Da wir das nicht überprüfen können, aber mit der Geschichte weiterkommen wollen, müssen wir uns jetzt entscheiden. Also: Mathilde? Ida? Ach, bleiben wir bei Ida. Das klingt irgendwie netter.

Ida war, soweit man weiß, in den Jahren 965 bis 971 Äbtissin des Stiftes Essen. Also vor über tausend Jahren. Als

Nonnenchefin musste sie nicht nur die Angelegenheiten im Kloster regeln, sondern hin und wieder auch verreisen, um von ihrer Arbeit zu berichten und Kontakte zu pflegen. So fuhr Ida eines Tages auch nach Rom, um den Papst zu besuchen. Der Papst ist ja bekanntlich der Chef aller Nonnen, Mönche, Priester und Bischöfe. Keine Ahnung, was Ida und er da zu bereden hatten, aber bestimmt war es wichtig ...

Bei diesem Besuch entdeckte Ida eine große antike Marmorsäule, die noch aus der Römerzeit stammte. Die gefiel Ida und sie dachte, dass sie sich gut im Essener Münster, der Stiftskirche, machen würde.

Der Papst bemerkte das und sagte: „Komm, nimm mit!"

Okay, das sagte er natürlich nicht, zumindest nicht so, weil der Papst ja Italiener war und entweder Italienisch oder Latein sprach. Aber in welcher Sprache er es wie auch immer sagte, auf alle Fälle meinte er: „Komm, nimm mit!"

Ida konnte es gar nicht fassen: Der Papst schenkte ihrem Kloster eine wunderschöne Marmorsäule! Einfach so. Zwischendurch und ohne Anlass. Leider aber gab es ein Problem: Die Säule war ja nicht nur groß, die wog auch einiges. Ida hatte keine Ahnung, wie sie das Geschenk nach Essen schaffen sollte. Von Rom bis ins Ruhrgebiet sind es um die tausendfünfhundert Kilometer und man muss dabei die Alpen, das höchste Gebirge Europas, überqueren. Heutzutage ist das keine große Sache, aber im Mittelalter, ohne Lkw oder Güterzug, war das fast unmöglich.

„Dann lass ich die blöde Säule eben hier", sagte Ida, als sie sich das Transportproblem klarmachte. Dabei blutete ihr allerdings das Herz, denn Ida liebte Säulen, Statuen und Bilder, alle schönen Dinge eben. Heute würde man sagen, sie war eine Kunstliebhaberin. Aber was blieb ihr übrig?

Sie konnte die Säule ja nicht auf ihrem Rücken nach Hause tragen.

„Du nicht, aber ich!", sagte der Teufel, der ihr zwei Nächte vor ihrer Abreise aus Rom erschien.

„Och nee, der Teufel! Komm, lass mich raten, du willst bestimmt meine Seele", maulte Ida.

„Kluges Mädchen!", sagte der Teufel.

„Und wenn ich dir die nicht geben will?"

„Dann bleibt die Säule hier. Klare Sache!"

„Hm ..." Ida zögerte. „Gib mir einen Tag, ich muss nachdenken. Geht das?", fragte sie.

„Wir sind zwar zeitlich schon ein bisschen knapp dran, aber meinetwegen", antwortete der Teufel. „Dann sehen wir uns morgen Nacht."

Er schaute sich in Idas Gästezimmer um. „Äh, soll ich zur Tür rausgehen oder lieber geheimnisvoll verpuffen?"

„Geheimnisvoll verpuffen wäre mir ehrlich gesagt lieber. Sonst sieht dich noch jemand, und das wäre nicht grade gut für meinen Ruf."

„Kein Problem!" Der Teufel grinste. „Aber denk dran: Seele oder Säule! Du musst dich entscheiden!"

Und dann machte es „Puff" und „Zisch", vielleicht auch „Tchaaoouu ..." und dann war der Teufel verschwunden.

Ida überlegte: Dem Teufel die Seele zu vermachen, war eigentlich nicht die feine Nonnenart. Andererseits: So eine schicke Säule besaß Zuhause sonst niemand. Sie überlegte die ganze Nacht und als die Glocke zur Morgenandacht läutete, hatte sie eine Idee ...

In der folgenden Nacht erschien der Teufel wieder in ihrem Zimmer.

„Und? Haben wir uns entschieden?", fragte er.

„Geht klar", sagte Ida, „sorg du dafür, dass die Säule am Abend vor dem Dreikönigstag im Kloster ankommt, aber vor dem Ave-Läuten, also vor sechs Uhr, und dann kannst du meine Seele haben!"

Der Teufel blätterte in seinem Terminkalender. „Dreikönigstag ... hm ... Das ist der 6. Januar ... Ende Dezember muss ich noch ein paar Seelen aus Spanien abholen ... Doch, doch, das müsste ich hinkriegen. So machen wir das!" Er reichte Ida seine Hand. „Schlag ein!"

„Och, lass ma' gut sein", sagte Ida, die keine Lust hatte, den nach Schwefel stinkenden Teufel zu berühren, „du musst dich schon auf mein Wort verlassen."

„Wie du willst. Wir sehen uns!" Und dann löste der Teufel sich wieder in Luft auf.

Am Tag darauf machte sich Ida auf den Heimweg. Die Reise dauerte einige Wochen, aber sie schaffte es noch, vor Weihnachten Zuhause zu sein.

Im Kloster erzählte sie den anderen sofort von ihrem Pakt mit dem Teufel. Die Nonnen waren zunächst zwar schockiert, dass ihre Äbtissin sich mit dem Satan eingelassen hatte, aber Ida erklärte ihnen ihren Plan und da entspannten sie sich.

Am Abend des 5. Januar waren alle bereit. Drei Nonnen hatten sich in einigem Abstand zum Kloster versteckt und hielten Ausschau. Sie bildeten eine Art Staffel: Die erste Nonne stand ungefähr hundert Meter vom Kloster entfernt, die zweite zweihundert und eine weitere dreihundert. Sie hatten alle eine Laterne dabei. Oben auf dem Glockenturm hielt sich ebenfalls eine Nonne bereit. Als der Teufel schließlich am Horizont auftauchte, gab die Nonne, die am weitesten vom Kloster weg war, ein Lichtzeichen mit ihrer Laterne, die nächste Nonne sah dieses und gab das Lichtzeichen weiter und die dritte Nonne schwenkte ihre Laterne hoch zum Glockenturm. Dort spuckte die Glockennonne in ihre Hände und ergriff das Seil. Als der Teufel mit der Marmorsäule auf dem Rücken zehn Meter vor dem Klostertor stand, begann sie, die Glocken zu läuten.

„Was is'n jetzt los?", brüllte der Teufel. „Es ist höchstens Viertel vor sechs. Ich war doch den ganzen Tag so gut in der Zeit!" Bedauerlicherweise gab es damals noch keine Armbanduhren, sodass der Teufel nicht mal schnell nachschauen konnte, wie spät es wirklich war. „Da stimmt doch was nicht!"

In diesem Moment öffnete sich das Tor und Ida trat heraus. Sie ließ die Glocken ausklingen und sagte: „Wie ärgerlich! Du hättest es fast geschafft. Aber Abmachung ist Abmachung. Leider muss ich meine Seele jetzt behalten. Trotzdem Danke! Wenn du jetzt noch so freundlich wärst, die Säule ins Münster hineinzutragen?"

„Du spinnst wohl, du Schleiereule! Ich weiß nicht, wie du das gemacht hast, aber eins sollte dir klar sein: Ungestraft legt man den Satan nicht herein!" Und so stemmte der Teufel die tonnenschwere Säule in die Luft und warf sie in Idas Richtung. Die war aber nicht nur pfiffig, sondern auch gut in Form und sprang zur Seite. Die Säule knallte auf den Boden und zerbrach in zwei Teile.

„Da hast du aber Glück gehabt", brüllte der Teufel. „Das nächste Mal krieg ich dich!" Wütend drehte er sich um und machte sich davon. Dabei entwurzelte er noch ein paar Bäume am Wegesrand, ließ eine Scheune in Flammen aufgehen und trat nach einem großen schwarzen Hund, der ihm aber auswich und ihn dann in sein behaartes Teufelsbein biss.

„Spinnst du, du Mistvieh", hörte man den Teufel aus der Entfernung brüllen. „Du gehörst wohl auch zu diesen verlogenen Nonnentanten!"

Die Nonnen freuten sich über ihren Sieg. Besonders freute sich Ida. Die Säule war zwar leider zerbrochen – aber immerhin war sie da! Am nächsten Tag mussten alle ran. Gemeinsam schleppten die Nonnen die beiden Teile in das Münster, stellten sie auf und ließen den Riss von einem Fachmann zumörteln. Noch heute kann man die sogenannte „Teufelssäule" in der Münsterkirche in Essen bewundern. Und auch den Riss kann man noch sehen.

PS: Es gibt allerdings auch Leute, die behaupten, die Säule sei zwar von der Äbtissin Ida gestiftet worden, habe aber bis ins 19. Jahrhundert unversehrt, also ohne Riss und Bruch, in der Münsterkirche gestanden. Kaputt gegangen sei die Säule, als sie aus irgendwelchen Gründen kurzzeitig aus der Kirche entfernt werden musste. Und erst danach habe sich jemand die Sage von der Teufelssäule ausgedacht. Hm ... Vermutlich stimmt das, aber selbst wir, die wir wissen, dass es gar keinen Teufel gibt, finden die Geschichte mit dem Satan und den schlitzohrigen Nonnen viel spannender. Und vor allem lustiger. Deswegen bleiben wir dabei und schwören: So war es. Bei unseren Seelen!

Das Katzenmähen

Die folgende gruselige Geschichte passierte in Aldenrade, das heute zu Duisburg gehört. Und auch hier sei allen jüngeren Kindern und ängstlichen Erwachsenen, allen Schisshasen und Knieschlotterern empfohlen, diese Seiten doch bitte tunlichst zu überspringen.

Also: In Aldenrade lebte einst ein alter Bauer, der seine Kühe im Stall zur Abendstunde mit frisch gemähtem Gras und Klee fütterte. Doch eines Abends stellte der Bauer fest, dass er sich verschätzt hatte: Viel zu wenig Futter war im Korb.

„Tut mir leid", sagte er zu den Kühen, die nichts bekommen hatten, „is alle!"

„Muuuhhhhh", antworteten die Kühe scheinbar gleich-mütig, aber an den Augen der Tiere konnte der Bauer erkennen, dass sie schwer enttäuscht waren. Das konnte er nicht ertragen. Die Kühe waren ihm nämlich die liebsten Tiere auf seinem Hof. Hätten sich seine Schweine beschwert, es wäre ihm egal gewesen. Die konnte er nämlich nicht leiden, außer als Schinken auf dem Brot oder als Wurst im Eintopf. Er tätschelte seiner Lieblingskuh Elsa den Kopf. „Is in Ordnung, ich geh nomma schnell auffe Wiese und hol was ..."

Da es schon langsam dunkel wurde, beeilte er sich und ließ seine Sense in einem Affentempo durchs Gras zischen. Plötzlich hörte er einen grässlichen Schrei und sah einen Schatten in die Luft springen.

„Himmelherrgott, was war das denn?", entfuhr es dem Bauern. Da erkannte er, dass der Schatten ein schwarzer Kater war, dem er wohl aus Versehen mit der Sense den halben Schwanz abgeschnitten hatte. Das Tier schrie und jammerte, wie nur ein Katzentier es kann. Wer schon einmal nachts kämpfende Kater gehört hat, der weiß ungefähr, wie das geklungen haben muss.

Der Bauer wusste nicht, was er tun sollte. Doch bevor er weiter darüber nachdenken konnte, wie dem Kater vielleicht zu helfen war, sprangen von überall her schwarze Katzen auf ihn zu. Es waren bestimmt hundert. Und die sahen nicht so aus, als wollten sie gestreichelt werden. Sie fauchten und schrien und rückten immer näher. In seiner Angst ergriff der Bauer seine Sense und drehte sich damit im Kreis. Die Katzen sprangen zur Seite, kamen wieder näher, wichen erneut aus, schlichen wieder heran ... und auf einmal erwischte der Bauer eine Katze und schnitt ihr mit der Sense den Kopf ab. Sofort schlugen aus Kopf und Körper des zerteilten Tieres hohe übelriechende Flammen. Im Schein des Feuers konnte der Bauer erkennen wie die anderen Katzen einen höllischen Tanz aufführten.

„Das gibt's doch nicht ... Da hat doch der Teufel seine schmutzigen Finger im Spiel!", stammelte der verstörte Mann, fiel augenblicklich auf die Knie und begann zu beten: „Lieber Gott, falls es dich geben sollte, dann jag bitte diese Teufelskatzen hier weg, sonst krieg ich 'n Herzinfarkt und da hat ja auch keiner was von, oder? Also: Amen!" Zum Abschluss schlug er noch das Kreuzzeichen.

Und in diesem Moment verschwanden die Katzen.

„Mann, das war knapp!", seufzte der Bauer und wischte sich den Schweiß von der Stirn. Schnell raffte er das gemähte Gras zusammen und trug es in den Stall. Nachdem er die Kühe zu Ende gefüttert hatte, aß er selbst Abendbrot. Dann legte er sich hundemüde ins Bett.

Mitten in der Nacht wurde er durch ein jämmerliches Miauen geweckt. Er öffnete die Augen und sah eine Katze am Fußende des Bettes sitzen. Plötzlich kippte ihr Kopf vom Körper und rollte auf ihn zu. Die glühenden Augen kamen immer näher. Der Bauer schrie wie am Spieß und da verschwand die Katze samt Kopf.

„Ganz ruhig", sagte der Bauer zu sich selbst. „Vielleicht war's ja nur ein Traum." Aber egal, ob Traum oder nicht – die Katze kehrte jede Nacht wieder.

Nach einigen Wochen ging der völlig übermüdete Bauer zur Frau des Dorfschmiedes, die sich gut mit Kräutern und Salben auskannte und sagte: „Äh ... nehmen wir mal an, ich hätte mir ein Stück vom Finger abgeschnitten. Könntest du mir eine Salbe mischen, mit der das abgetrennte Teil wieder anwächst?"

„Klar", sagte die Frau, „aber sag's nicht weiter, sonst kommt wieder jemand und behauptet, ich sei eine Hexe." Und sie mischte ihm die Salbe.

Der Bauer ging nach Hause und an diesem Abend stellte er das Töpfchen mit der Salbe neben sein Bett. Er sprach sein Nachtgebet und am Ende sagte er: „... und wenn die Katze heute Nacht wiederkommt, dann schnapp ich sie mir, schmiere ihr die Salbe auf die Wunde und klebe den Kopf einfach wieder an! Und du lieber Gott sorgst bitte dafür, dass das klappt und ich nicht vor Angst in Ohnmacht falle. Amen!"

Doch in dieser Nacht wurde der Bauer nicht geweckt. Nichts störte seine Nachtruhe: Kein Miauen, keine Katze, kein rollender Kopf. Zum ersten Mal seit Wochen schlief er durch. Als er am nächsten Morgen aufwachte, schaute er sich um. Das Töpfchen auf dem Nachtisch war offen und es sah aus, als habe jemand etwas Salbe herausgenommen.

Als sich der Bauer in der Küche im Spiegel betrachte, sah er, dass er lauter Kratzer und Schrammen im Gesicht hatte. Wie von Katzenkrallen.

Seit dieser Nacht war übrigens Ruhe im Karton. Die kopflose Katze erschien dem Bauern nie wieder. Er kaufte sich aber trotzdem einen großen Hund. Den jagte er jedes Mal vor dem Mähen durch das hohe Gras. Und nachts ließ er das Tier am Fußende seines Bettes schlafen. Sicher ist sicher ...

Die Hünen von Haltern

I.

Überall auf der Welt gibt es Geschichten von Riesen. Mal heißen sie Kolosse, mal Giganten, bei uns nannte man sie „Hünen". Angeblich lebten sie überall, auch in Westfalen. Auch in der Gegend um Haltern.

Und in vielen der alten Geschichten sind die Hünen auch gar keine üblen Kerle.

So waren sie anscheinend gesellige Typen, die sich gerne gegenseitig zum Kaffeetrinken oder Abendessen einluden. Einmal wollte zum Beispiel der Hüne von Haltern den Hünen von Dülmen besuchten. Da aber der Halterner Riese zur vereinbarten Zeit nicht da war, ging ihm der Riese aus Dülmen entgegen. Sie trafen sich im Heubachtal.

„Sach ma', wo bleibst du denn? Ich hab extra 'n Kuchen gebacken und Kaffee ist auch lange fertig", sagte der Dülmener vorwurfsvoll.

„Hör mir nur auf", antwortete der Halterner. „Du weißt doch, wie's bei mir aussieht: Alles voller Sand. Ich glaub, ich muss irgendwann mal umziehen. In meiner Höhle, in meinen Töpfen, in meiner Unterhose – Sand, Sand, Sand! Und eben hatte ich so viel Sand in den Schuhen, dass ich kaum laufen konnte. Deswegen bin ich zu spät."

Er zog einen seiner Holzschuhe aus und schüttete den Sand heraus. Es rieselte und rieselte und rieselte und rieselte und rieselte und rieselte ...

Der Dülmener Hüne staunte nicht schlecht. Dass die Gegend um Haltern sandig war, wusste er ja, aber damit hatte er nicht gerechnet. Es kam ihm wie eine halbe Ewigkeit vor, aber dann war der Holzschuh doch leer. Der Riese aus Haltern klopfte noch einmal von oben auf den umgedrehten Schuh – die letzten Körnchen fielen heraus –, dann zog er den Schuh wieder an. „So, jetzt geht's besser!", sagte er.

„Na, dann mal los", antwortete der Riese aus Dülmen. „Jetzt schnell nach Hause, bevor die Schlagsahne sauer wird!"

Und die beiden Hünen rannten im Dauerlauf nach Dülmen. Sie ließen einen riesigen, ja hünenhaften Sandhaufen zurück, den die Menschen „Esberg" nannten.

II.

Mit den Menschen pflegten die Hünen meist guten Kontakt. Obwohl sie sich hin und wieder auch danebenbenahmen. So kam einmal ein Hüne an einem Bauernhof vorbei und schnupperte frisch gebackenes Brot. Und tatsächlich sah er, als er auf den Hof kam, wie die Bäuerin am Ofen stand und grade zwanzig lecker braun gebackene Brote herauszog. „Hab ich einen Hunger!", stöhnte der Hüne und packte das Backblech mit beiden Händen und hob es in die Luft. Dass das Blech noch ofenheiß war, machte ihm nichts aus. Hünenhaut ist nicht empfindlich. Er öffnete seinen riesigen Mund und ließ die zwanzig Brote einfach hineingleiten. Er musste ganz schön kauen, weil die frische Kruste ziemlich hart und knusprig war. Und weil er das trockene Brot nicht einfach so herunterschlucken konnte, packte er sich eine Kuh, hob sie mit der einen Hand hoch und molk sich mit der anderen Hand die frische Milch in den Mund. „So, jetzt flutscht es schon besser!", sagte er laut schmatzend und schluckte den Milchbrotbrei herunter.

Die Bauersfrau aber war ziemlich wütend: „Sach ma', spinnst du? Den ganzen Morgen hab ich damit zugebracht, den Teig zu kneten, die Brote zu formen und zu backen. Und du latschst hier rein und frisst einfach alles auf. Mal abgesehen davon, dass meine Kuh jetzt 'n Schock für's Leben weg hat."

Der Hüne schaute auf die Kuh, die er wieder im Hof abgestellt hatte. Die sah wirklich etwas verwirrt aus. Sie hatte immer noch die Augen zugekniffen und die Ohren nach hinten geklappt.

„Ach, komm, jetzt übertreib mal nicht", sagte der Riese mit ruhiger Stimme, „die kriegt sich schon wieder ein. Und wegen der paar Brotkrümmelchen machst du so ein Geschrei?"

Er ließ noch einen gigantischen Rülpser los und ging dann pfeifend vom Hof.

Die Bauersfrau schüttelte den Kopf. Und dann fing sie mit dem Brotbacken noch mal von vorne an. Ab und zu ging sie rüber zur Kuh und streichelte ihr den Kopf. Am nächsten Tag stand ein Schild am Hofeingang: „Freundliche Riesen sind weiterhin auf diesem Hof willkommen. Ansonsten gilt: Doofe Hünen ab nach Lünen!"

III.

Ein anderes Mal lief ein Hünenkind, ein Mädchen, über einen Acker und sah dort einen Bauern mit seinem Ochsen pflügen.

„Ist der süß!", dachte sie. „Den nehm ich mit nach Hause. Da kann ich ihn vor unserer Höhle pflügen lassen und dann pflanz ich da Sonnenblumen. Und dem Ochsen kann ich das Fell bürsten und abends kann mir der Bauer ein Einschlaflied singen."

Sie packte alles – Bauer, Pflug und Ochse – in ihre Schürze und lief nach Hause.

„Kuck ma, Papa!", rief sie und stellte das Ensemble vor ihrem Vater auf den Tisch.

„Och, Kind", sagte der Hünenvater, „was soll das denn?"

„Das ist mein neues Spielzeug!"

„Nein, Kind, das ist kein Spielzeug. Das sind Menschen, Erdenwürmchen. Die sind lebendig, so wie wir."

„Wie wir?", fragte das Mädchen ungläubig und zog dem Bauern an den Haaren.

„Aua", brüllte der Bauer, was sich in den Ohren der Hünen wie ein Piepsen anhörte.

„Siehst du", flüsterte der Hünenvater, was sich wiederum in den Ohren des Bauern anhörte wie ein Donnergrollen. „Und jetzt bringst du alles wieder dahin zurück, wo du es her hast. Und vorher entschuldigst du dich bei dem Mensch-

125

lein. Denn wenn wir so weitermachen, werden die uns irgendwann vertreiben!"

Widerwillig gehorchte das Hünenkind seinem Vater. Auch wenn sie ihm nicht ganz glaubte. Wie sollten denn diese kleinen Wesen die mächtigen Riesen vertreiben?

Aber jetzt überlegt mal: Habt ihr in letzter Zeit mal einen Hünen in Haltern oder anderswo gesehen? Tja ...

Der Baron von Münchhausen und die wimmernden Eisenwürmer von Wesel

Der Baron von Münchhausen war wahrscheinlich der beste Entertainer des 18. Jahrhunderts. Zur Unterhaltung seiner Gäste erzählte er unglaubliche Geschichten. Dass es Lügengeschichten waren, wussten alle, aber Spaß machten sie trotzdem. Oder grade deswegen. Sie handelten zum Beispiel von Münchhausens Reise zum Mond, von einem Ritt auf einer Kanonenkugel oder wie er sich selbst an seinen Haaren aus dem Sumpf gezogen hatte. Oder von den Eisenwürmern von Wesel.

„Eines Tages", erzählte der Baron, „wurde ich in die Garnison Wesel gerufen. Dort waren die Offiziere aufgewühlt, verzweifelt, ja gradezu hysterisch, weil alle Kanonen Löcher hatten. Und zwar nicht nur das eine große Loch vorne, wo die Kugeln herausgeschossen werden, sondern ganz viele kleine, überall das ganze Eisenrohr entlang. Die Kanonen sahen schon fast aus wie Schwämme. Und da sämtliche Gelehrten und Wissenschaftler aufgegeben hatten, ruhten alle Hoffnungen auf mir. Kein Wunder: Mein Ruf als Mann, der das Unmögliche möglich macht, eilte mir voraus. Ich wurde vom Kommandanten empfangen und sofort in die Zitadelle geführt, wo uns der Garnisonsstabsarzt erwartete. Man zeigte mir einige der Kanonen. Sie sahen aus wie Möbel, die vom Holzwurm befallen waren.

,Klare Sache, das scheint der berüchtigte Eisenwurm zu sein!', stellte ich fest. ,Wir müssen dringend etwas unternehmen, sonst sind die Kanonen in zwei bis drei Tagen weg. Aufgefressen. Also, meine Herren, es gibt zwei Möglichkeiten!'

Der Kommandant schaute mich ebenso dankbar wie neugierig an. ,Sprechen Sie, Baron, wir sind ganz Ohr!'

,Wir könnten einen großen Hochofen bauen, alle Kanonen einschmelzen, damit die Würmer töten und dann neue Kanonen gießen!'

,Zu teuer, wir sind pleite!' Der Kommandant schüttelte den Kopf.

,Dann bleibt nur Methode zwei: Alle Soldaten und alle Bewohner von Wesel müssen in die Wälder ausströmen und Fliegenpilze sammeln. So viele wie möglich. Und so schnell wie möglich!'

Der Kommandant nickte. ,Habe verstanden, Baron! Werde sofort den Befehl erteilen!'

Und so strömte die ganze Stadt und die ganze Garnison zum Pilzesammeln aus.

Gegen Abend kehrten die Sammler zurück und leerten ihre Körbe in einen großen Topf. Die Fliegenpilze wurden gekocht und zermanscht und die dickflüssige, brodelnde Pilzsuppe dann in die löchrigen Kanonenrohre geschüttet. Es zischte und dampfte und roch so giftig, dass ich mir ein mit Duftwasser getränktes Taschentuch vor die Nase halten musste.

Nach vielleicht dreißig Minuten ließ ich die Suppe wieder aus den Kanonen herausgießen. Mit dem Pilzglibber kamen auch die Überreste der zerkochten Eisenwürmer zum Vorschein: Sie sahen aus wie grünliche, glitschige Regenwurmstückchen, die sich aber an der Luft alsbald in nichts auflösten.

Da hörte ich auf einmal ein leises Jammern und Wimmern. Ich sah zum Brunnen, von wo das klagende Geräusch zu kommen schien. Dort auf dem Rand saßen zwei Eisenwürmer, die überlebt hatten, und klammerten sich aneinander. Sie waren vielleicht sechs oder sieben Zentimeter lang und trugen jeder zwei leuchtend rote Fühler auf dem Kopf, die aussahen wie kleine Eisenfeilen.

‚Na, ihr beiden‘, rief ich ihnen zu und hielt eine Kelle mit der giftigen Fliegenpilzsuppe in die Höhe, ‚habt ihr Hunger?‘ Da sprangen sie panisch vom Rand des Brunnens und flohen in Richtung Wald.

‚Die sind wir los!‘, sagte ich zum Kommandanten, der mir dankbar die Hand küsste.

Und so wurde ich in ganz Deutschland als ‚der Kanonendoktor‘ berühmt. Aber bescheiden wie ich bin, lehnte ich die mir zugedachte Dankesgabe von einer Million Taler ebenso ab wie die Kanonenrettungsmedaille am Bande. Denn selbstverständlich handelt ein Baron von Münchhausen nie aus Geldgier oder Eitelkeit, sondern nur, um der Menschheit einen Dienst zu erweisen!"

Ja, so erzählte es der Baron seinen Gästen. Und die lachten sich scheckig. Ob der Baron jemals wirklich in Wesel gewesen ist und was da passiert sein könnte, weiß kein Mensch. Aber das interessiert ja auch keinen. Wer braucht schon langweilige wahre Geschichten, wenn man lustige Lügen bekommen kann?

Dank

Ich danke Bernd Gieseking, Bastian Thurner, Ulla Illerhaus, Andreas Gruhn, dem Ensemble und den Mitarbeitern des Kinder- und Jugendtheaters Dortmund und all den anderen freundlichen Menschen, die dafür gesorgt haben, dass ich mich im Ruhrgebiet immer wohlgefühlt habe. Außerdem danke ich meiner Agentin und früheren Lektorin Paula Peretti, ohne die es dieses Buch nicht gäbe. Mein Dank geht auch an Katrin Hörnlein und Susanne Gaschke für den Vorabdruck in der Wochenzeitung „DIE ZEIT". Und an Gert Albrecht für die schönen Illustrationen. Nicht zu vergessen: Jochen Malmsheimer, Bianka Lammert, Fritz Eckenga, Ulla Illerhaus, Wim Wollner und Burkhard Ax für die Beteiligung an den wunderbaren Hörspielversionen des „WDR". Fritz Eckenga gilt aber noch ein besonderer Dank: für seine Gastfreundschaft, den Kaffee aus seiner Krups T8 und seine Beratung als „native speaker".

Hartmut El Kurdi

Quellenverzeichnis und regionale Hinweise

von Dirk Sondermann

1. Warum die Hasen so lange Ohren haben
vgl. Dirk Sondermann, Bochumer Sagenbuch, 4. Aufl. Essen 1994, Nr. 38

2. Wie der Schweinhirte Jörgen die Kohle entdeckte
vgl. Dirk Sondermann, Bochumer Sagenbuch, 4. Aufl. Essen 1994, Nr. 93
Mit dem „Jörgenstein" in Bochum am Weitmarer Holz in der Nähe der Blankensteiner Straße wurde dem Bergmann ein Denkmal gesetzt.

3. Der Räuberhauptmann Korte
vgl. Dirk Sondermann, Bochumer Sagenbuch, 4. Aufl. Essen 1994, Nr. 27
Korte soll um 1880 in Bochum-Stiepel oder Bochum-Laer gewohnt haben. Weitere Informationen zu Korte finden sich in dem o.g. Sagenbuch.

4. Warum der Teufel einen Pferdefuß hat
vgl. Dirk Sondermann, Bochumer Sagenbuch, 4. Aufl. Essen 2004, Nr. 94

5. Der festgesetzte Fuhrmann
vgl. Dirk Sondermann, Ruhrsagen, Bottrop 2. Aufl. 2006, Nr. 24

Die historische Gaststätte „Am Esel" steht bis heute an der August-Thyssen-Str. 52 (Ecke Essener Str.) gegenüber der Einfahrt zum Wasserschloss Hugenpoet, das an der August-Thyssen-Str. 51 liegt. Die ursprünglich zweihundert Meter weiter westlich liegende Anlage wurde bereits 778 als Königsgut Karls des Großen schriftlich erwähnt. Das jetzige Schloss wurde ab 1647 erbaut und beherbergt ein Nobelrestaurant. Das Schloss ist von außen zu besichtigen. Der Schauspieler Paul Henkels („Prof. Bömmel" aus der „Feuerzangenbowle") verlebte hier seine letzten Lebensjahre. Übrigens war auch Heinz Rühmann, der im selben Film den Pfeifer „mit drei f" spielte, ein „Essener Junge". Der Mintarder Berg liegt westlich der Mintarder Dorfstraße in Mülheim. Die Gaststätte „Am Anker" lag in Ratingen, Ecke Eggerscheidter Straße/Schlipperhaus. Das historische Bruchsteingebäude wird heute zu Wohnzwecken genutzt.

6. Das große Grubenunglück auf der Zeche Neu-Iserlohn und der Berggeist

vgl. Dirk Sondermann, Bochumer Sagenbuch, 4. Aufl. Essen 2004, Nr. 89

Zeche Neu-Iserlohn I. (*1859, †1968) hieß ursprünglich Zeche Münsterland. Iserlohner Geldgeber gaben 1863 den Anlass, den Namen zu ändern. Eingänge zum ehemaligen Bergwerk befinden sich in Bochum gegenüber der Somborner Str. 168 (zwei Schachtabdeckungen), 178 und 184. Der letzte Zugang ist besonders interessant, da im Gesträuch Fundamente der 1895 errichteten Koksofenbatterie zu finden sind. Hier wurden die im Koksofengas enthaltenen Kohlenwertstoffe Teer, Benzol und Ammoniak gewonnen. Die Gewölbe beherbergten Maschinen zur Luft- und Gaszuführung der Öfen. Die romantisch von Efeu umwucherten Ruinen der Batterie stellen heute das älteste noch erhaltene Relikt aus dem Bereich der Kohleveredelung im Ruhrgebiet dar. Der alte Friedhof befindet sich in Bochum an der Hauptstr. 229; die Grabstele der verunglückten Bergleute liegt 50 m rechts hinter dem Torbogeneingang.

Schlagende Wetter: Explosives Gemisch von Luft mit 2–9% Grubengas.

7. Der Raubritter Joost von Burg Blankenstein

vgl. Dirk Sondermann, Hattinger Sagen, Bottrop 2007, Nr. 15

Die Burg Blankenstein liegt in Hattingen an der Burgstraße. Bei dem Raubritter Joost handelt es sich wohl um Johann (Joost) von Syberg, der 1637 Verwalter der Burg Blankenstein wurde. Unter seiner Leitung wurde die Anlage, die keinen militärischen Nutzwert mehr hatte, um 1662 geschleift. Die Bewohner des Ortes Blankenstein waren über den Abbruch der Burg sehr verärgert und schrieben 1664 einen erfolglosen Beschwerdebrief an ihren Landesherrn, den „Großen Kurfürsten" Friedrich Wilhelm von Brandenburg (1620–1688). Das negative Bild vom Burgverwalter Johann Georg von Syberg, das bei der Blankensteiner Bevölkerung vorgeherrscht haben muss, hat wohl zur Sagenbildung um den „Raubritter Joost" beigetragen.

8. Der letzte Pferdestricker im Emscherbruch

vgl. Dirk Sondermann, Emschersagen, Bottrop 2006, Nr. 47

Bernhard Großfelds letzte Ruhestätte liegt mitten im ehemaligen Emscherbruch an der Bleckkirche an der Bleckstr. in Gelsenkirchen. Die erstmals in römischen Quellen im 1. Jahrhundert schriftlich erwähnten Wildpferde im Emscherbruch wurden wie folgt gefangen: Unter den Bäumen im Emscherbruch legten die Helfer der Pferdestricker Futter aus. Auf den Bäumen saßen die Pferdestricker, die lange Stricke mit Schlingen an starken Ästen befestigt hatten. Wenn die Tiere fraßen, wurden ihnen von oben die Schlingen um die Hälse geworfen. Mit den Helfern, die aus ihren Verstecken kamen, wurden die Pferde gebändigt und zu den Koppeln und gesicherten Weiden geführt, um ein Ausbrechen zu verhindern. Später wurden die Tiere als Acker-, Karren- oder Reitpferde verkauft. Pferdemarkt war in (Herne-) Crange zwischen der Ruine von Haus Crange (westlich neben Altcrange 3) und der heute evangelischen meist geschlossenen Laurentiuskapelle (An der Cranger Kirche) am 10. August. Aus diesem ursprünglichen Pferdemarkt ist die weithin bekannte Cranger Kirmes hervorgegangen. Borbeck, Altenessen, Karnap, Horst sind Stadtteile von Essen.

9. Der Zwergenkönig Goldemar auf Burg Hardenstein
vgl. Dirk Sondermann, Ruhrsagen, Bottrop 2. Aufl. 2006, Nr. 73
Der ab 1355 erbaute und im 18. Jahrhundert verfallene, ehemalige Adelssitz gehört zu den am romantischsten gelegenen Burgruinen Westfalens. Die vormals wasserumwehrte Anlage ist von außen zu besichtigen. Haus Hardenstein liegt in Witten am Bergbaukundlichen Rundgang am Hardensteiner Weg. „Goldemars Kammer" wird der Kaminraum in der 1. Etage des Süd-West-Turms (der Turm am Hügel) genannt.

10. Emscher Neck und Emscher Nixe
vgl. Dirk Sondermann, Emschersagen, Bottrop 2006, Nr. 40

11. Der Barbarazweig

vgl. Dirk Sondermann, Bochumer Sagenbuch, 4. Aufl. Essen 2004, Nr. 98

Die hl. Barbara ist Schutzpatronin der Bergleute. Ihr Attribut ist der Turm, Symbol der Gefangenschaft, der auch die Bergleute bei ihrer gefahrvollen Tätigkeit tief unten in der Erde tagtäglich ausgesetzt sind. Bis zum heutigen Tage hat sich der alte Brauch erhalten, am Barbaratag, dem 4. Dezember, Kirschzweige ins Wasser zu stellen, die dann drei Wochen später, am Heiligen Abend, gleichnishaft blühen.

12. Die Dortmunder Bierprobe

vgl. Dirk Sondermann, Emschersagen, Bottrop 2006, Nr. 111

13. Der hartherzige Bäcker von Dortmund

vgl. Dirk Sondermann, Emschersagen, Bottrop 2006, Nr. 110

14. Die Esel von Stiepel

vgl. Dirk Sondermann, Ruhrsagen, Bottrop 2. Aufl. 2006, Nr. 65

Burg Blankenstein liegt in Hattingen-Blankenstein gegenüber von Bochum-Stiepel. Die Transportschiffe, die sogenannten Aaken, ließ man bis 1890 nicht von Eseln, sondern von Pferden schleppen, die die Kähne auf gepflasterten Uferwegen an Leinen flussaufwärts zogen, daher der Begriff „Leinpfad". An der Alten Fähre in Bochum-Stiepel ist der historische Leinpfad deutlich am Ruhrufer als gepflasterter Weg erkennbar.

15. Graf Reck von Volmarstein und die Ruhrnixe

vgl. Dirk Sondermann, Ruhrsagen, Bottrop 2. Aufl. 2006, Nr. 83

Die Burg Volmarstein in der Stadt Wetter wurde um 1100

als Vorposten der Kölner Erzbischöfe erbaut und wurde 1288 und 1324 von den Grafen von der Mark zerstört. Die später noch einmal befestigte Burg verfiel während des 15. Jahrhunderts. Sie erreichen die Burgruine, indem sie vor dem Eingang des „Burghotels Volmarstein" (Am Vorberg 12) linker Hand den ganzjährig geöffneten Durchgang benutzen.

16. Bruder Guardian und die Chorstühle in St. Agnes zu Hamm
vgl. Karl Wehrhan, Westfälische Sagen, Leipzig 1934, Nr. 239
Das Franziskanerkloster in Hamm befand sich auf dem Gelände der heutigen Marienschule an der Franziskanerstr. 1. Die Klosterkirche St. Agnes liegt am Nordenwall 27. Infolge schwerer Kriegsschäden wurde die Agneskirche, fast einem Neubau gleich kommend, bis 1953 wieder errichtet. Das Chorgestühl wurde 1944 zerbombt.
Das Wasserschloss Heessen erhielt seine heutige neugotische Gestalt um 1908. Seit 1957 ist in den Gebäuden ein Landschulheim mit privatem Internat (Gymnasium) untergebracht. Schloss Heessen liegt in Hamm an der Schlossstr. 1.

17. Der Werwolf am Bahnwärterhäuschen
vgl. Dirk Sondermann, Emschersagen, Bottrop 2006, Nr. 6

18. Die Teufelssäule von Essen
vgl. Dirk Sondermann, Ruhrsagen, Bottrop 2. Aufl. 2006, Nr. 40
Die antike Marmorsäule, eine Stiftung der Äbtissin Ida (965–971), steht im Altarraum der Essener Münsterkirche. Die „Goldene Madonna" von 980 und viele weitere Sehenswürdigkeiten von abendländischer Bedeutung zieren die Münsterkirche, die an der Kettwiger Str./Ecke Burgplatz liegt. Das Kettwiger Tor stand nördlich des Hauptbahnhofes an der

Kettwiger Str., südlich des ehemaligen Kettwiger Tores lagen vormals Teiche an der Brunnenstr., im Bereich des jetzigen Stadtgartens, den auch heute noch eine Wasserfläche ziert. In diesem Umfeld dürfte der Kalkhofteich gelegen haben.

19. Das Katzenmähen

vgl. Karl Heck, Hans Homann, Der heilige Brunnen, Duisburger Sagen, Legenden und Erzählungen, Duisburg 1967, S. 94–96
Aldenrade gehört zu Duisburg-Walsum.

20. Die Hünen von Haltern

vgl. Elke Liebs, Elisabeth Egger, Von Nixen, Zwergen und der Kohlenblume. Sagen und Märchen aus dem Ruhrgebiet, Hg. Kommunalverband Ruhrgebiet, Essen 1993, Nr. 12

21. Baron von Münchhausen und die wimmernden Eisenwürmer von Wesel

vgl. Karl Heck, Heinrich Peitsch, Es geht eine alte Sage. Sagen, Legenden und Erzählungen vom unteren Niederrhein, Wesel 1967, S. 126f.
„Karl Friedrich von Münchhausen, 1720 zu Bodenwerder geboren (...) hat in Wesel längere Zeit geweilt und die Weseler Verhältnisse eingehend kennen gelernt. Auch hier hat er es nicht unterlassen können, seinen Spott auszugießen und groteske Geschichten zu erzählen und zu schreiben, die an besondere Vorkommnisse in der Garnison anknüpften, diese bis zur Verzerrung entstellten und bei den damaligen Weseler Zeitgenossen, die die eigentlichen Vorgänge und den Hintergrund der Erzählungen kannten, dröhnendes Gelächter auslösten." (aus: Heck, Peitsch, S. 125)

Über Dirk Sondermann

1960 in Bochum geboren, Diplom-Theologe und Autor, widmet sich seit über dreißig Jahren der Sagenforschung. Er hat mehrere Anthologien, z. B. die „Ruhrsagen", „Emschersagen", „Lippesagen", das „Bochumer Sagenbuch", mit zum Teil mündlich überlieferten Sagen, herausgegeben. Seine Sagensammlungen enthalten neben Hintergrundinformationen auch exakte Ortsangaben einschließlich Geokoordinaten zu den erwähnten historischen Stätten. Die Gesamtauflage seiner Werke beträgt über 30.000 Exemplare.

Sondermann, der „Sagenpapst des Ruhrgebiets" (WAZ) gründete 2003 das Institut für Erzählforschung im Ruhrgebiet, dessen Projekt www.sagenhaftes-ruhrgebiet.de von der Kulturhauptstadt Europas RUHR.2010 offiziell gefördert wurde. Es ist eines der wenigen noch heute (2018) nutzbaren Projekte der Kulturhauptstadt Europas RUHR.2010.

„Www.sagenhaftes-ruhrgebiet.de ist das im deutschsprachigen Raum ambitionierteste Portal zum Thema Sagenforschung. Hier finden Sie über 500 Sagen aus 53 Städten und Orten im Kommunalverband Ruhrgebiet", berichtete die Zeitschrift „Bodo" im März 2014.

Darüber hinaus werden in diesem Portal Audiodateien, Videodateien, Wanderungen, Fahrradtouren, Geocaching, etc. kostenlos zur Verfügung gestellt. Über 1,2 Millionen Mal wurden die Seiten bisher im Internet aufgerufen.

Werke von Dirk Sondermann

* Lippesagen. Von der Mündung bis zur Quelle, Bottrop 2013
* Ruhrsagen. Von der Mündung bis zur Quelle, Bottrop, 3. Auflage 2010
* Emschersagen. Von der Mündung bis zur Quelle, Bottrop, 2. veränderte Auflage 2017
* Bochumer Sagenbuch. Peter Pomp, Essen, 4. Auflage Dezember 2004
* Bochumer Sagenbuch. Hörbuch. Audio-CD / Bernd Schmidt, Essen, 2005
* Wattenscheider Sagenbuch, Essen 2004
* Hattinger Sagenbuch, Essen 2007
* Ritter, Räuber, Spökenkieker. Die besten Sagen aus dem Ruhrgebiet. Neu erzählt von Hartmut El Kurdi, gesammelt und ausgewählt von Dirk Sondermann, Mannheim 2010
* Hartmut El Kurdi, Dirk Sondermann (Hrsg.): Wat soll dat denn?! Schräge Sagen aus dem Ruhrgebiet. Mit Fritz Eckenga, Jochen Malmsheimer und anderen. Hörbuch auf CD, 2010/11

Aufsätze

* König Goldemar, Haus Hardenstein und die Hardenberger im Spiegel der Sage. In: Hans Dieter Radke, Heinrich Schoppmeyer (Hrsg.): Burg Hardenstein. Geschichte und Geschichten, Witten 1999, S. 161–199

Sonstiges

* Legenden und Sagen der Stadt Bochum, nacherzählt in russischer Sprache aus dem „Bochumer Sagenbuch" von Dirk Sondermann, (ISTOK Verein) 2014
* Sieben Sagen, eine Ruhrsinfonie von Wolfram Buchenberg, Orchester Hagen 2011. Vertont wurden sieben Sagen aus den „Ruhrsagen"

Lesungen

Dirk Sondermann liest zu folgenden Themen:

* Sagen der Region
* Bergbau-Sagen aus dem Ruhrgebiet
* Die Nibelungen – Auf den Spuren von Siegfried & Co.
* DRACULA – Auf den Spuren des Vampirs
* Geisterseher, Spökenkieker und das Zweite Gesicht – Begegnungen mit Menschen übersinnlicher Wahrnehmung
* Literarische Weinlese – Gehaltvolle Geschichten rund um den Rebensaft

Kontakt

dirk.sondermann@gmx.de

Science Center phaeno / Haus der Wissenschaft Braunschweig (Hg.)

Besserwisser

100 alltägliche Fragen und spannende Antworten für neugierige Kinder und Erwachsene

Warum haben Zebras Streifen?
Warum brennt ein Streichholz?
Warum fallen im Herbst die Blätter?
Sind Blindschleichen wirklich blind?
Wie lange können Wale die Luft anhalten?
Warum sehe ich Sternchen, wenn ich mir die Augen reibe?

Unser Alltag steckt voller Rätsel und spannender Fragen: 100 davon beantwortet dieses Buch für kleine „Besserwisser" – und solche, die es werden wollen. Forscherinnen und Forscher erklären in kurzen Texten leicht verständlich, was es mit Phänomenen aus Wissenschaft und Alltag auf sich hat – und halten dabei die eine oder andere überraschende Erklärung auch für Erwachsene bereit.
Die bunten Illustrationen von Fides und Lilly Friedeberg laden die ganze Familie zum Stöbern in diesem Wissensschatz ein.

208 Seiten,
zahlr. farb. Abb.,
Festeinband,
ISBN 978-3-8375-1778-1
18,95 €

Überall im
Handel
erhältlich!

Rhein
Wesel
Lippe
Xanten
Oberhausen
Gels
Schmachtendorf
Emscherbru
Duisburg
Essen
Kettwig